아홉 경영구루에게 묻다

아홉 경영구루에게 묻다

아홉 경영구루에게 묻다

구학서 | 김종훈 | 이승한 | 이채욱 | 박용만 | 윤윤수 | 조현정 | 윤영달 | 신헌철

한국 경영 대가들로부터 듣는 경영 노하우

이필재 지음

YANG MOON

경영 고수들이 펼치는 지상 멘토링

CEO는 몇백 명, 몇천 명의 삶을 책임지는 사람입니다. CEO가 책임지는 사람은 해당 기업의 내부 구성원에 그치지 않습니다. CEO의 의사결정과 집행 성과는 구성원의 가족, 나아가 협력업체의 구성원과 그 가족의 삶에도 커다란 영향을 미칩니다. 그래서 저는 2세 경영자들에게 CEO는 신중하게 맡으라고 조언을 합니다. 능력에 대한 검증도 없이 준비가 안 된 채 CEO 자리에 올랐다가 실패하면 당사자 개인의 실패에 그치지 않고 해당 기업의 지속가능성을 위협할 수도 있기 때문입니다.

위대한 기업 연구가 짐 콜린스 Jim Collins 는《성공하는 기업들의 8가지 습관》에서 풍부한 사례 연구를 토대로 비전을 내면화한 기업들은 다른 기업과 무엇이 어떻게 다른지 설명합니다. 경영진에 대해서는 현세대가 잘하는 것뿐 아니라 다음 세대, 그 다음 세대가 얼마나 잘하느냐가 중요하다고 말합니다. 기업은 CEO 개인의 유한성을 넘어서서 설립 목적을 추구하고 핵심 이념을 실현해 가면서 영속해야 한다는 것이죠. 좋은 기업들은 해당 산업의 '떡(규모)'을 키움으로써 국민경제를 살찌게 합니다.

저도 한 조직을 이끌고 있지만 요즘은 구성원들이 행복해야 합니다. 그래야 기업도 잘됩니다. 회사 생활이 행복한 사람은 회사를 사랑하고 우리 회사가 잘됐으면 하고 바랍니다. 그런 사람은 회사를 성장시키겠다는 열망과 성장시키기 위한 고뇌에 빠지게 마련이죠. 그리고 그런 사람에게서 바로 창조력이 나옵니다. 요즘 제가 주목하는 히트 상품이 한 공중파 방송의 〈나는 가수다〉란 유사 오디션 프로그램입니다. 가창력이 뛰어난 가수들끼리 서바이벌 게임을 벌이는 새로운 포맷의 독창적인 프로그램이죠. 이 프로그램의 기획과 여기에 참가하는 가수들에게서 저는 그런 창조력이 번득이는 것을 봅니다.

기업은 곧 사람이고, 사람은 그가 하는 생각에 의해 결정됩니다. 결국 기업은 같은 생각을 하고 같은 꿈을 꾸는 사람들의 집합체라고 할 수 있습니다. 그렇기에 CEO는 구성원들로 하여금 같은 생각을 하게 만들어야 합니다. 같은 꿈을 꾸게 해야 합니다. '경영의 달인' 소리를 듣는 잭 웰치_{Jack Welch} 전 GE 회장이 현역 시절 한국을 찾았을 때 한 CEO가 그에게 경영의 비결을 물었습니다. 그는 이렇게 답변했죠. "나는 내가 어디로 가는지 알고, GE의 전 구성원은 내가 어디로 가는지 알고 있습니다." 이렇게 되기까지 그는 자신의 비전을 구성원과 공유하기 위해 비상한 노력을 기울였습니다. 비전의 공유를 강조한 그는 심지어 "열 번 이상 이야기하지 않았다면 한 번도 이야기하지 않은 것과 같다"고 말하기도 했죠.

중국 상하이에 가면 문전성시인 발 마사지 업소가 있습니다. 그런데 바로 옆에 있는 다른 업소는 파리를 날립니다. 장사가 잘되는 집 사장은 마사지사들에게 이렇게 말한다고 합니다. "여러분은 발 마사지사가 아니라 세상 사람이 필요로 하는 에너지를 만들어내는 사람들입니다." 마사지라는 업을 창조적으로 재해석하고 구성원들에게 프라이드를 심어준 것이죠. 모름지기 CEO는 이렇듯 구성원의 마음을 헤아려 한곳으로 모으는 사람입니다.

CEO는 무엇보다 공부하는 사람이라야 합니다. 이 책에 등장하는 아홉 명의 CEO는 경영의 고수들입니다. 몇몇 분과는 저도 교류를 하는데, 시쳇말로 경영 콘텐츠가 좋은 분들이죠. 제가 하는 일이 CEO와 임원들에게 교육을 하는 것이라 이분들의 경영론이 〈중앙SUNDAY〉에 연재되는 동안 저도 애독을 했습니다. 이 가운데는 열악한 우리 경영 환경에서 일찍이 경영의 글로벌 스탠더드를 실천한 분들도 있습니다. 오랫동안 CEO 교육에 종사해 온 경험에 비추어 저는 이분들이 우리 시대의 경영 멘토로서 손색이 없다고 봅니다.

2012년 1월

전성철 세계경영연구원 회장

현장에서 실전을 통해 축적한 경영 노하우

구루guru는 본래 힌두교와 불교 등의 종교에서 스승을 일컫는 말로, 자아를 터득한 신성한 교육자를 뜻합니다. 그러니까 경영 구루라고 하면 경영의 진수를 터득한 경영 멘토쯤 되겠죠. 저는 2009년 초부터 이 말을 경영 대가라는 뜻으로 쓰고 있습니다. 이 책은 경영 대가라고 할 만한 국내 유수의 CEO 아홉 사람에게서 그들의 경영론을 구술받아 정리한 것입니다.

경영 구루라고 하면 흔히 《초우량기업의 조건》을 쓴 톰 피터스Tom Peters 같은 대중적인 경영학자를 가리킵니다. 피터스는 언론에 의해 최초의 구루 또는 최고의 구루로 불렸던 인물이죠. 그에 필적할 만한 사람이 '현대 경영학의 아버지'로 추앙받는 피터 드러커Peter Drucker입니다. 자신을 작가라고 즐겨 표현한 드러커는 정작 구루라는 말을 탐탁지 않게 여긴 듯합니다. 찰스 핸디Charles Handy에 따르면, 이 대가는 기자들이 허풍쟁이charlatan란 단어를 타이틀로 쓰기에는 너무 길어 구루란 단어를 생각해낸 것이라고 비꼬았습니다. 피터 드러커와 함께 세계를 움직이는

50인의 사상가로 꼽히는 찰스 핸디도 그의 대표적인 저작인 《포트폴리오 인생》에서 경영 구루로 불리는 게 싫었다고 고백합니다.

현직 기자로서 저는 이 대가들의 생각에 동의하지 않습니다. 이들은 엄연한 경영 구루이고, 저는 경영 구루가 더 많이 나와야 한다고 봅니다. 나아가 저는 경영의 고수인 CEO들도 경영 구루로 불릴 만하다고 생각합니다. 현장에서 실전을 통해 쌓은 CEO들의 경영 노하우는 텃밭에서 갓 따온 상추처럼 아주 싱싱합니다. '책상물림'들의 고담준론과 달리 딱딱하거나 너무 무겁지도 않습니다.

《아홉 경영구루에게 묻다》는 〈중앙SUNDAY〉의 인기 연재물 '경영구루와의 대화'를 보완한 것입니다. 원래 '경영구루와의 대화'는 〈중앙SUNDAY〉가 연재한 잭 웰치 부부 칼럼(잭 웰치 부부의 성공 어드바이스)의 후속타입니다. 2010년 1월 웰치가 척추 디스크 수술을 받게 돼 칼럼을 중단하자 〈중앙SUNDAY〉는 대안으로 국내 CEO들의 실전 경영 코칭을 구상했습니다. 저는 이런 취지를 살리기 위해 두 가지를 기준으로 CEO를 선정했습니다. 하나는 CEO의 지명도, 다른 하나는 경영 콘텐츠입니다.

윤윤수 휠라코리아 회장은 이탈리아산 글로벌 스포츠 브랜드 휠라의 한국법인 월급쟁이 사장 출신입니다. 그런 그가 2005년 휠라코리아의 오너로 변신하더니 2년 후엔 휠라 본사를 인수했습니다. 꼬리가 몸통을 삼킨 M&A는 고정관념을 깨뜨린 윤윤수표 역발상 경영의 정수입니다.

이승한 홈플러스그룹 회장은 가치점, 감성점, 그린스토어 등 새로운 점포 컨셉트를 잇따라 선보여 국내 대형마트의 세대교체를 주도했습니다. 12년 전 회사 창립 기자간담회 때 하버드 비즈니스 스쿨에서 홈플러스의 성공 사례를 발표하겠다고 공언한 그는 6년 만에 그 꿈을 이룹니다. 이 회장은 "한국적 기업가 정신이 글로벌 스탠더드가 될 수 있다"고 역설합니다.

　　김종훈 한미글로벌 회장은 구성원 중심의 경영을 시도합니다. 그는 내부 고객인 구성원이 스스로 만족스러우면 성과가 좋아져 외부 고객이 행복해지고, 결국 주주에게 돌아가는 몫도 커지는 선순환이 이루어진다고 말합니다. 이렇게 행복한 일터, 꿈의 직장을 추구한 덕에 한미글로벌은 8년 연속 '일하기 좋은 기업 GWP: Great Work Place' 상을 받았습니다.

　　오너 출신이지만 전문경영인을 자처하는 박용만 두산 회장은 구조조정 전문가입니다. 두산그룹의 구조조정을 주도한 박 회장은 구조조정을 '기업의 미래가치를 끌어올리는 모든 기업 활동'으로 정의합니다. '미스터 M&A'로 통하는 그는 기업 인수합병 M&A을 정상적인 경영의 수단으로 정착시켰다는 평가를 받습니다.

　　조현정 비트컴퓨터 회장이 1983년 대학 3학년 때 창업한 비트컴퓨터는 대한민국 벤처 1호입니다. 이 회사는 일찍이 테헤란로로 터전을 옮긴 테헤란밸리의 원조 벤처이기도 하죠. 조 회장은 대기업이 고용 없는 성장의 덫에 걸린 시대에 우리 경제의 든든한 버팀목은 벤처라고 주장합니다. 벤처야말로 우리가 부를 희망가라고 선언합니다.

　　삼성 출신인 이채욱 인천국제공항공사 사장은 글로벌 기업 GE에서 12년간 CEO를 지냈습니다. 그가 GE식 시스템 경영을 이식한 덕에 인천국제공항은 공항 분야의 노벨상으로 통하는 '세계 최고 공항상'을 6년 연속 수상했습니다. 또 다른 비결은 공항 입점업체들과의 상생이었죠. 미국발 경제위기의 타격이 크자 이 사장은 공항 입점료를 10퍼센트 내렸습니다. 입점 업체 선정 땐 덤핑을 막기 위해 최저가 낙찰을 금했습니다. 이렇게 해서 생긴 패밀리 의식은 공항의 전반적인 서비스를 업그레이드시켰습니다.

　　윤리경영은 구학서 신세계 회장의 브랜드입니다. 그는 윤리경영을 하면 노사분쟁도 줄어든다고 주장합니다. 구성원들이 회사가 내놓는 숫자를 신뢰하지 않는 건 투명경영을 하지 않기 때문인데, 100퍼센트 오픈하고, 그래서 신뢰가 생기면 노조도 합리적으로 판단을 한다는 것이죠. 구 회장은 윤리경영을 하면 인력의 질도 높아진다고 역설합니다. 윤리의식이 높은 양질의 사람들이 들어와 전체 직원들의 윤리적인 마인드가 높아지는 선순환이 일어난다는 것이죠.

　　'장돌뱅이'를 자처하는 신헌철 SK에너지 부회장은 소통의 시대 CEO도 소통을 강화해야 한다고 말합니다. 소통이란 사람들로 하여금 마음의 문을 열게 하는 것이고, CEO는 고객과 구성원 등 이해관계자의 마음을 열어젖히는 사람이라고 주장합니다. 고객도 마음이 열려야 지갑을 연다는 것이죠. 그가 상대방의 마음을 여는 비결은 바로 역지사지易地思之입니다.

　　경영의 고수들도 실패와 좌절을 겪은 인간이었습니다. 장마다 말미에 제가 관찰한 이들의 인간적인 면모를 소개했습니다. 이 책은《한국의 CEO는 무엇으로 사는가》,《CEO 브랜딩》에 이어 세번째 내는 저의 CEO 연구서입니다. 경영 구루들과 나누는 대화가 모쪼록 독자 여러분의 경영에 대한 이해를 넓히는 데 도움이 되기를 바랍니다. 아울러 귀한 지면을 내주신 〈중앙SUNDAY〉와 책으로 꾸며주신 (주)양문에 감사의 말씀을 전합니다.

2012년 1월

이필재

아홉 경영구루에게 묻다

차례

01
가장 윤리적인 것이
가장 강하다
구학서의 윤리경영론

구학서 신세계 회장은 윤리경영으로 신세계를 '명가'의 반열에 올려놓았습니다. 그는 "윤리경영 능력은 글로벌 경쟁력으로 가장 윤리적인 것이 가장 강하다"고 주장합니다. 삼성그룹 출신인 구 회장은 1996년 신세계에 영입된 후 1999년부터 만 10년 동안 CEO를 지냈습니다. 그의 재임 기간에 신세계의 매출액은 5.9배, 순이익은 94배 증가했습니다. 그는 윤리경영을 한 후 신세계의 실적이 굉장히 좋아졌는데 최소한 그 절반이 윤리경영 덕이라고 말합니다. 또 윤리경영을 하면 인력의 질이 높아지고 노사 분쟁도 줄어든다고 역설합니다.

신세계 윤리경영의 이정표 격인 사건은 이명희 회장의 2세인 정용진 부회장 남매가 3500억 원의 상속증여세를 주식으로 납부한 일입니다. 사상 최대 규모였죠. 이 과정에서 이 회장은 자신이 신임하는 구 회장의 조언을 수용했습니다. 이런 과정이 있었기에 2010년 봄 신세계 경영권이 정 부회장 수중에 들어갔지만 일절 잡음이 없었습니다.

유통업계 출신도 아니고 영업통도 아닌 그가 승승장구한 것은 업의 핵심을 꿰뚫어봤기 때문이기도 합니다. 그는 유통업은 진입 장벽이 높은 입지산업이라고 규정합니다. 경쟁사가 따라잡을 수 없는 뛰어난 접근성 등 입지 차별화가 경쟁력의 관건이라고 보는 것이죠. IMF 체제 당시 그는 신세계의 카드 사업을 양도하고 확보한 돈으로 이마트 부지를 싼값에 사들입니다. 좋은 입지를 선점한 겁니다. 이때 삼성 비서실에서 비업무용 부동산을 관리하면서 틔운 안목을 발휘합니다. 진출할 만한 좋은 부지가 나오면 그는 직접 둘러봤습니다. 때로는 입찰가도 스스로 결정했습니다.

구 회장의 리더십은 코칭 리더십입니다. 결론을 정해놓고 팔로우 미를 요구하는 야전사령관형 리더십과는 대척점에 있는 리더십 스타일이죠. 대표이사 시절 그는 신세계 매장을 잘 찾지 않았습니다. 매장 단위의 전투나 전술은 점장의 소관이라는 생각에서죠. 반면 경쟁사의 매장은 눈에 안 띄게 자주 둘러봤다고 합니다. 이런 코칭 리더십은 코칭 대상인 팔로워의 잠재력을 극대화하는 게 핵심입니다. 구 회장은 "일을 할 때 참모들의 의견을 많이 듣고 거기서 부족한 점만 추려내 토론한다"고 말합니다.

아홉 경영구루에게 묻다

신뢰는 사회적 자본, 강한 윤리가 강한 기업 만든다

Q 왜 윤리경영을 해야 합니까? 시쳇말로 대세인가요, 글로벌 스탠더드인가요. 윤리경영 하면 기업의 글로벌 경쟁력이 높아집니까? 기업가치가 올라가고 실적도 정말 좋아지나요? 미국발 금융위기와 글로벌 경제위기를 윤리경영의 실패로 보는 시각도 있던데요.

A 윤리경영을 한 후 신세계의 실적이 굉장히 좋아졌는데, 최소한 그 절반이 윤리경영 덕입니다. 저는 윤리적인 것이 가장 강하다고 생각합니다. 말을 안 할 뿐 어쩌면 누구나 알고 있는 사실인지도 모르지요. 각종 선거 때 보면 확실히 알 수 있습니다. 많은 후보자가 경쟁자의 병역비리나 부동산 투기 같은 윤리적인 흠집을 찾아내려고 하고, 이런 흠집이 실제로 선거 이슈가 됩니다. 국민들에게는 식상한 문제이기도 하지만 이런 것들은 어느 후보가 더 윤리적인지 검증하는 잣대 구실을 합니다. 선거에 나선 후보들이 이렇게 상대방을 검증하는 데 많은 시간을 쓰는 것은 일면 합리적인 행동입니다. 윤리적인 사람이 더 강하다는

구학서의 윤리경영론

방증이죠.

'신뢰는 사회적 자본'이라고 주장한 미국의 정치학자 프랜시스 후쿠야마 Francis Fukuyama 교수는 "일류 기업과 이류 기업의 차이도 신뢰의 격차에서 온다"고 말합니다. 그런데 윤리적인 기업이냐 아니냐의 차이가 이런 신뢰의 격차를 벌려놓습니다. 윤리경영을 하는 기업과 그렇지 않은 기업 간의 신뢰 격차는 실제로 굉장히 클 수도 있습니다. 페놀 사태로 신뢰를 잃은 어느 기업은 돈으로 환산할 수 없는 타격을 입었습니다. 어떻게 보면 사소한 부주의로 인해 막대한 비용을 치른 셈이죠. 윤리경영은 말하자면 신뢰를 얻기 위해 치르는 비용입니다. 그런 점에서 윤리경영은 비용 타당성이 있습니다.

신세계가 2006년 월마트코리아를 인수할 때의 일입니다. 월마트 측이 기업 인수합병 M&A 중개회사를 통하지 않고 우리에게 접근했습니다. 인수 가격도 신세계가 제시한 것을 그대로 수용했어요. 그때 16개 매장을 우리 경쟁업체에 넘겼다면 아마 몇천억 원은 더 받을 수 있었을 겁니다. 그 사람들이 인수 기업으로 신세계를 낙점한 건 우리가 윤리경영을 하고, 그래서 대외적으로 신뢰를 얻었기 때문이라고 봅니다.

종업원과 협력회사를 승계하는 문제, 인수 후 이미지 등을 고려한 결정이었죠. 비싸게 넘기면 인수한 기업 측이 나중에 이를 만회하기 위해 구조조정을 세게 할 수도 있습니다. 월마트로서는 한국에서의 철수로 이미 신뢰에 문제가 생긴 마당에 인수 가격 흥정으로 연일 언론에 기사화되는 것도 바라지 않았을 겁니다. 윤리경영은 이처럼 신뢰라는 자산을 축적해줄 뿐만 아니라 회사의 브랜드 가치를 높여줍니다.

윤리경영은 인력의 질도 높여줍니다. 신입사원을 면접할 때 저는 왜 신세계를 지원했느냐고 물어봅니다. 절반 가까이가 신세계의 윤

아홉 경영구루에게 묻다

리경영에 공감해서 왔다고 합니다. 요즘 젊은 사람들은 같은 조건이면 자신의 가치관과 이상에 맞는 일을 하고 싶어 합니다. 사실 누구나 윤리적인 것이 맞다고는

생각하거든요. 이렇게 해서 윤리의식이 높은 양질의 사람들이 들어오면 전체 직원들의 윤리적인 마인드가 높아집니다. 선순환이 일어나는 거죠. 윤리경영을 하는 기업이란 믿음은 신세계의 보이지 않는 자산입니다.

윤리경영을 하면 노사분쟁도 줄어듭니다. 구성원들이 회사가 내놓는 숫자를 신뢰하지 않는 건 투명경영을 하지 않아서죠. 100퍼센트 오픈하고, 그래서 신뢰가 생기면 노조도 합리적으로 판단합니다. 회사의 회계가 투명하고, 이렇다 할 약점도 없고, 경영실적까지 다 오픈해 구성원들이 안다면 회사가 적자를 내 주가가 떨어지는데도 무리한 요구를 하겠습니까? 이익을 배분할 때도 재생산을 위한 유보이익과 구성원에게 돌아갈 몫에 대한 원칙을 정하고 그대로 집행하면 문제가 없습니다. 신세계의 경우 회사의 성장을 위한 유보, 구성원 몫, 세금·배당 및 사회환원분으로 3등분 합니다. 윤리경영엔 세 개의 단계가 있는데 그 첫 단계가 바로 투명경영이죠.

윤리경영이 글로벌 스탠더드냐고요? 역사가 오래된 선진 기업들은 다 윤리경영을 합니다. 50년, 100년 된 윤리강령도 있습니다. 회사 경영에 도움이 되니까 그렇게 하는 거겠죠. 그렇더라도 글로벌 스탠더드라고 단정하기는 어렵습니다. 이슬람권에서는 글로벌 스탠더드가 아메리칸 스탠더드로 비쳐질 수도 있겠죠. 윤리경영이 대세냐? 아직까지 대세는 아니지만 윤리경영이 필요하다는 인식은 생겼다고 봅니다.

미국의 엔론 사태나 국내의 외환위기를 겪으면서 적어도 투명경

구학서의 윤리경영론

영의 필요성에 대한 학습은 이뤄진 것 같습니다. 지금은 분식결산을 했다가는 최고경영자CEO가 실형을 사는 시대입니다. 과거의 분식을 정리 못한 기업도 일부 있다고 들었습니다만, 과거처럼 대한민국 기업이 한꺼번에 분식회계의 블랙홀에 빠져드는 일을 없을 겁니다.

글로벌 금융위기도 시스템과 윤리 문제로 발생했습니다. 금융회사들이 신용 위험도가 높은 사람에게 돈을 많이 빌려주고, 그래서 생긴 리스크까지 금융 파생상품을 만들어 일반 투자자에게 전가한 것이죠. 자산 가치가 폭락하면 망할 줄 알면서도 그렇게 했다는 점에서 금융위기의 밑바닥엔 근본적으로 도덕성 문제가 자리 잡고 있습니다.

윤리경영이 기업의 경쟁력을 높여준 사례를 하나 들어보죠. 1980년대에 일제 전기밥솥이 국내에서 큰 인기를 끌었습니다. '코끼리표'라고 불리던 조지 루시 밥솥이었죠. 김포공항 세관의 통관대엔 으레 일제 밥솥이 몇 개씩 놓여 있곤 했습니다. 이 밥솥을 선물하면 친척들이 다 좋아하니까 좀 창피해하면서도 하나씩 사왔는데, 지금은 사라진 풍속도죠. 당시 제가 몸담고 있던 삼성전자가 자회사를 만들어 일본 업체와 손잡고 주문자상표부착생산OEM방식으로 밥솥을 생산했습니다. 그런데 비싼 부품을 들여와 국내에서 조립하는데도 가격이 국산 밥솥보다 비싸지 않았습니다. 국내 경쟁사들의 원가가 높다 보니 시장가격도 높았기 때문이죠. 당시 밥솥을 팔던 대기업들은 오너의 친인척이 하는 회사에서 물건을 받아다 자기 브랜드로 팔았습니다. 친인척에게 마진을 보장해줘야 했기 때문에 담당 직원이 제조사에 생산원가를 낮추라고 말할 수 없었어요. 대기업 자재 파트가 혈연, 지연, 학연 등 오너의 연고관계에서 자유롭지 못했습니다. 결과적으로 기업의 경쟁력을 떨어뜨린 셈이죠. 아, 그런데 요즘 용산전자상가에 가면 일본인 단체관광객들이 국산 쿠쿠 밥솥을 사간다고 하더군요.

협력업체 사람과 식사할 때도 자기 밥값을 내라

Q 윤리경영에 따르는 보상은 무엇입니까? 윤리경영으로 신세계의 브랜드 가치는 얼마나 높아졌나요? 그리고 그로 인한 실적 개선 효과를 계량화할 수 있나요? 윤리강령을 만들면 어떤 효과가 있죠? CEO로서도 윤리경영의 좋은 점이 있나요? 한마디로 윤리경영이 정말 남는 장사인지 궁금합니다. 그렇게 좋은 것이라면 남들은 왜 윤리경영을 하지 않을까요?

A 윤리경영을 하면 우선 기업 이미지가 좋아져 브랜드 가치가 높아집니다. 경영도 윤리적으로 하겠다는데 나쁘게 볼 사람이 없죠. 윤리경영이야말로 신세계 경쟁력의 원천입니다. 그런데 막상 윤리경영의 효과를 계량화하기란 말처럼 쉽지 않습니다. 주가에 기업의 총체적인 가치가 반영된다고 본다면 윤리경영을 도입한 기업의 주가를 윤리경영을 하기 전과 통시적으로 비교하거나, 윤리경영을 하지 않는 회사 주가와 공시적으로 비교해볼 수 있겠죠. 신세계의 경우 윤리경영을 하기 전인 10년 전 주가가 2만~3만 원 수준이었는데 지금은 50만 원이 넘습니다. 물론 그 상승분 전체를 윤리경영의 효과라고 할 수는 없지만 50퍼센트 이상이 윤리경영 덕이라고 저는 봅니다.

윤리경영의 가치에 대해서는 긴 안목이 필요합니다. 기업이 본래의 목적을 달성하려면 오랫동안 존속해야 합니다. 즉 계속기업going concern이라야 하는 거죠. 투자한 원금만 회수하면 목적이 완성되는 1회적

구학서의 윤리경영론

인 사업과 기업이 다른 점이에요. 기업은 운명적으로 장수해야만 합니다. 시쳇말로 지속가능 sustainable 해야 합니다. 그런데 존슨앤드존슨, IBM, GE 같은 세계적인 장수 기업들이 다 윤리경영을 합니다. 그래서 윤리경영이 지속가능한 기업의 필요조건이라는 추론을 해볼 수 있습니다.

윤리경영은 국가경제를 위해서도 필요합니다. 인도의 국부인 마하트마 간디는 '사회를 위태롭게 만드는 일곱 가지 악 Seven Social Sins'이 있다고 했습니다. 원칙 없는 정치, 노동 없는 부, 인격 없는 교육, 인간성 없는 과학 같은 것들이죠. 모두 정신적 요소들입니다. 저는 조선왕조가 500년 이상 존속한 것은 유교 정신이 그 바탕에 있었기 때문이라고 봅니다. 그런데 간디가 말한 일곱 가지 악 중 하나가 바로 '도덕 없는 상업'이에요. 여기서 상업을 기업으로 치환하면 윤리적이지 않은 기업이 사회와 나라를 위태롭게 한다고 해석할 수 있습니다. 뒤집어 말하면 윤리경영이 우리 사회를 유지하고 발전시키는 데 긍정적인 영향을 미친다는 것이죠.

역사가 긴 선진 기업들은 거의 모두 윤리강령을 갖고 있고, 비윤리적인 행위에 대해 상당히 구체적으로 규정해놓고 있습니다. 이렇게 명확하게 기준을 정해놓아야 구성원이 윤리적으로 실패하는 것을 막을 수 있습니다. 개개인의 선의를 인정하더라도 사람은 저마다 잣대가 다르게 마련이죠.

무엇보다 윤리경영을 하면 원가경쟁력이 강화돼 비용을 줄일 수 있습니다. 오래전 이런 일이 있었습니다. 한 수산물 구매 담당자가 업체로부터 돈을 받은 사실이 적발됐습니다. 이런 일이 생기면 당사자는 몇천만 원을 챙기지만 회사는 몇억 원의 손실을 입습니다. 당시 고가로 수산물을 구매한 소비자에게 피해가 돌아갔을 거로 보고 조사를 벌였는데

아홉 경영구루에게 묻다

막상 조사 결과를 보니 그렇지 않더라고요. 경쟁업체도 다 그 가격에 팔았기 때문이었죠. 경쟁사에서도 그런 일이 있었을 거로 추정해볼 수 있는 상황이었습니다. 만약 이때 담당자가

뇌물을 받지 않았다면 납품원가를 낮춤으로써 그 차액을 고객에게 돌려주거나 이익으로 남길 수 있었겠죠.

신세계는 1999년 윤리강령을 제정하면서 '신세계 페이'라는 제도를 도입했습니다. 협력업체 사람 등과 식사를 할 때 영업비로 자기 밥값을 내도록 한 것이죠. 유통업이란 업종의 특성상 신세계는 협력업체 직원들과의 접촉이 잦습니다. '갑'인 신세계가 접대를 안 받는다고 하니 '을' 입장의 협력업체들이 부담스러워했죠. 이래저래 처음엔 내부의 저항이 심했고, 직원들 사이에서 비용을 줄이려는 것 아니냐는 오해도 빚어졌습니다. 이러다 협력업체 사람들과의 관계가 소원해지면 경쟁사에 협력업체를 빼앗기고 만다는 그럴듯한 구실도 있었습니다. 그래서 그런 문화를 바꿔보려고 윤리경영을 하는 거라고 일축했죠.

그런데 막상 시행해보니 첫해에 실제로 비용이 줄어들었습니다. 접대비와 회의비 등의 명목으로 개인적으로 쓴 비용이 빠졌기 때문이죠. 남은 비용을 직원 수로 나눠 신세계 페이 장려금으로 전 직원에게 똑같이 지급했습니다. 당초 신세계의 기업문화와 접대받는 관행을 바꾸는 게 이 제도의 목적이었지만 '아, 신세계 페이가 회사에 이익이 되는 제도구나' 하고 구성원들이 이해하는 계기가 됐습니다. 이제 협력업체들도 신세계 페이를 안 지키면 피차 불이익이라는 걸 압니다. 그래서 편

구학서의 윤리경영론

해졌다는 이야기도 들리는데, 이렇게 되기까지 몇 년이 걸렸죠.

　　과거엔 식사시간이 되면 협력업체 쪽에서 방문하기를 꺼렸는데 요즘은 아무 부담 없이 식사시간 전에도 미팅을 합니다. 올해는 아예 협력업체들에 캘린더를 배포해 신세계 페이 실적을 기록하도록 했습니다. 이 기록과 대조해 보면 누가 신세계 페이를 얼마나 했는지 확인할 수 있죠. 접대를 사회의 관습으로 치부해버리면 영원히 그 관행에서 벗어날 수 없습니다. 점심 대접받고 차 한 잔 얻어 마시면, 여기에 공술이라도 마시고 나면 그쪽으로 마음이 기우는 건 인지상정입니다. 그러고 나서 등 돌리면 배신으로 생각하는 게 한국적 정서죠. 윤리경영이 뿌리내리려면 각자 제 몫을 내는 문화가 정착돼야 합니다. 문화가 바뀌어야 한다는 거죠.

　　많은 기업이 윤리경영을 못하고 있는 건 시간이 필요하기 때문입니다. 윤리경영을 하려면 오너든 전문경영인이든 경영진이 먼저 솔선수범해야 합니다. 상층부가 윤리적으로 흠결이 있으면 구성원이 비윤리적인 행위를 했을 때 책임을 제대로 묻기 어려워요. 단적으로 비자금을 만들면 거래처뿐 아니라 해당 기업 내부 실무자에게도 약점을 잡힙니다. 금융실명제 도입 후 비자금 조성 관행이 많이 개선되기는 했습니다만. 어떻든 이런 약점이 있으면 아래에 윤리경영을 하라고 요구할 수가 없어요. 위에서 요구를 하더라도 구성원들이 납득을 못하죠. 그런데 상층부가 깨끗해지는 데는 일정한 시간이 걸립니다.

　　윤리경영을 하면 CEO가 좋은 점이요? 우선 일하기 편합니다. 마음도 편안해지죠. 제가 몸담고 있는 유통업계의 경우 수많은 제조업체와 거래를 합니다. 사정이 이렇다 보니 학연, 지연 등 연고 관계의 포로가 되기 십상이죠. 윤리경영을 제도화하고 난 후로는 인사 청탁 등을 들어주려야 들어줄 수가 없습니다. 그래서 당당하게 청탁을 거절할 수 있죠. 청탁을 안 들어준다고 한번 소문나면 아예 청탁이 들어오지 않습니다. 아, 저희 어머니도 저한테는 부탁을 안 합니다. 아들이 절대 안 듣는 걸 아시거든요.

윤리경영, 부단히 지속적 · 단계적으로 하라

Q 윤리경영은 어떻게 해야 합니까? 무엇부터 시작해야 하나요? 윤리강령은 어떻게 만들죠? 선진 기업이 잘하고 있는 것들을 취사하면 되나요? 결국 실천 시스템을 잘 만드는 게 관건일 텐데, 윤리경영의 실천 시스템은 어떻게 짜야 합니까? 오늘은 윤리경영의 '하우투how-to'를 알고 싶습니다. 윤리경영의 관점에서 도요타자동차 사태와 관련한 함의는 무엇인가요?

A 세계 초일류 기업인 일본 도요타자동차가 왜 무너졌습니까? 처음 문제가 터졌을 때 투명하게 사태를 수습하려고 하지 않았기 때문입니다. 타성에 젖어 덮어버린 결과 훨씬 적은 비용으로 문제를 풀 수 있었는데 해결이 난망인 지경까지 이른 거죠. 비용도 비용이지만 신뢰성이 땅에 떨어지지 않았습니까? 다시 강조하거니와 윤리경영은 신뢰를 얻기 위해 치르는 비용입니다. 도요타 같은 회사가 과거로 돌아갔다는 것은 중요한 교훈입니다. 윤리경영은 불가역적이 아니라는 거죠. 방심하고 소홀히 하면 언제든 옛날로 되돌아 갈 수 있습니다.

윤리경영은 이처럼 잘하기가 참 어렵습니다. 부단히 지속적으로 해야 하기 때문이죠. 그런 점에서 윤리경영의 완성은 마치 지평선처럼 우리가 영원히 도달할 수 없는 이상이라고도 할 수 있어요. 신세계도 지난 10년 동안 하느라고 했지만 첫 단계인 투명경영도 70~80퍼센트밖에 완성이 안 됐다고 봅니다.

윤리경영은 중요하고 하기 쉬운 것부터 단계적으로 해야 합니다. 그 첫 단계가 법을 지키는 준법 경영입니다. 협의의 윤리경영으로 투명경영이라고도 할 수 있죠. 공정한 인사관리를 하고 이익을 내는 등 기업으로서의 경제적 책임을 다하는 것도 이 단계에 속합니다. 기업은 무엇보다 경제적으로 지속가능한 경영을 해야 합니다. 그 다음 단계가 상생경영입니다. 종업원, 협력업체, 고객, 주주 등 이해관계자와의 관계에서 윈윈을 추구하는 거죠. 단적으로 부가가치 내지는 이익을 배분할 때 윤리적인 기준을 적용하는 거예요. 한마디로 회사가 낸 이익을 유보이익, 주주에 대한 배당, 구성원 보너스 등으로 나눌 때 윤리적으로 문제가 없도록 하는 겁니다.

세번째이자 마지막 단계가 사회공헌입니다. 사회, 국가, 인류, 나아가 지구의 환경 등 직접적인 이해관계가 없는 집단 내지 대상과의 관계에서도 윤리를 지키는 것이죠. 개인과 마찬가지로 법인도 인격을 지닌 주체로서 윤리적인 책임을 져야 합니다. 탄소 배출 같은 문제에서 보듯이 기업은 개인보다 환경에 더 큰 영향을 미칩니다. 유한킴벌리 같은 회사가 나무를 심는 것도 이런 관점에서 윤리경영에 포함할 수 있습니다. 사회공헌을 협의의 윤리경영과 대비시켜 광의의 윤리경영이라고도 할 수 있어요.

투명경영, 상생경영, 사회공헌 경영은 각각

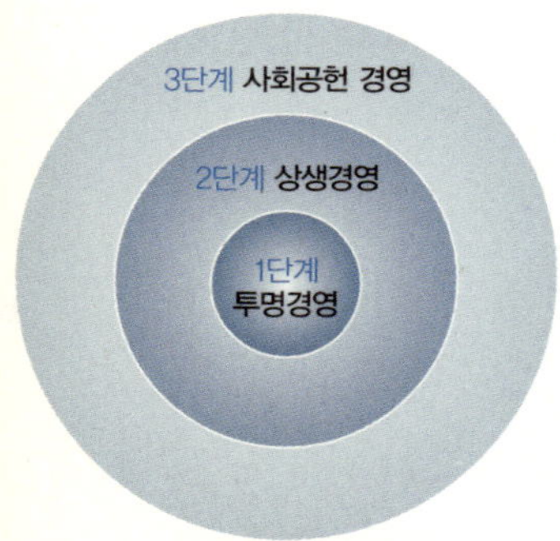

윤리경영의 3단계

아홉 경영구루에게 묻다

대對 구성원 관계, 대 이해관계자 관계, 대 비非이해자 관계에서 하는 것입니다. 그림에서 보듯이 투명경영부터 시작해 이렇게 단계적으로 접근하는 건 세 개의 동심원을 그려나가는 것에 비유할 수 있습니다. 공자가 "몸을 닦고 집안을 바로 하고 난 뒤 나라를 다스리고 천하를 평정하라修身齊家治國平天下"고 한 것과 논리적으로 같은 구조죠.

1단계를 철저히 하고서 2단계로 넘어가야 하지만 그렇다고 해서 투명경영이 완성되고 난 후에 상생경영을 하고, 상생경영이 되면 비로소 사회공헌 경영을 하라는 말은 아닙니다. 60~70퍼센트 진척이 되면 다음 단계로 나아가야 합니다. 인접 단계가 이처럼 서로 오버랩이 되도록 해나가는 거예요. 또 2단계로 넘어갔다고 해서 1단계를 소홀히 해서는 안 됩니다. 1단계는 1단계대로 하면서 2단계, 3단계로 점차 심화시켜 나가야죠. 그래서 동심원을 넓혀가는 과정으로 설명한 겁니다.

윤리경영의 절대적인 필요조건은 공감대 형성입니다. 그래서 교육과 경영진의 솔선수범이 가장 중요합니다. 신세계의 전 직원이 1년에 한 번은 저한테서 윤리경영에 대한 교육을 받습니다. 이때 윤리경영의 필요성을 역설하죠.

3년 전 정용진 신세계 부회장 남매가 주식으로 낸 상속증여세 3500억 원은 우리나라 최고 기록입니다. 오너가 상속증여세를 정당하게 합법적인 절차에 따라 내겠다는 의지를 회사 안팎에 보인 것이죠. 직원들은 '우리 회사 오너들은 윤리적으로 깨끗하구나' 하는 인상을 받았을 겁니다. 이렇게 오너부터 솔선수범할 때 사내에 윤리경영에 대한 공감대가 만들어지고 직원들이 따라옵니다.

윤리경영은 모든 경영전략에 우선하는 최상위 개념입니다. 윤리라는 것 자체가 어떤 규정보다도 우위에 있죠. 그래서 구성원들이 잊어

구학서의 윤리경영론

버리거나 방심하지 않도록 실천 시스템을 잘 만들어야 합니다. 협력업체 사람과 식사할 때 밥값을 각자 내는 '신세계 페이' 의 경우 영업비로 지불한 뒤 일일이 신고하도록 돼 있습니다. 명절에 받은 선물을 돌려줬어도 보고하게 돼 있습니다. 사회공헌의 예를 들면 신세계 임직원은 93퍼센트가 능력에 따라 매월 2000원에서 몇십만 원씩 기부를 합니다. 그러면 회사가 같은 액수의 금액을 후원하죠. 기부를 생활화하도록 하기 위해 도입한 매칭 그랜트 제도입니다. 이게 한 계좌에 2000원인데 몇십 개의 계좌를 개설한 사람도 있어요. 직원들이 기부금을 많이 내면 제도적으로 회사도 많이 기부하게 돼 있죠. 아마 신세계 사람들은 달마다 급여에서 기부금이 빠져나가는 걸 보면서 '아, 내가 기부 활동을 하고 있구나' 하고 실감할 겁니다. 기부금이니까 나중에 소득공제도 받죠. 여기서 주목할 것은 시스템적으로 매월 기부를 하게 돼 있다는 점입니다.

윤리강령은 선진 기업의 강령을 벤치마킹하되 우리나라 문화와 해당 업종의 특성에 맞게 수정해야 합니다. 유통업의 경우 협력업체가 제공하는 샘플을 투명하게 처리해야 합니다. 그래서 윤리강령에 샘플은 택배로 돌려보내고 개인이 못 갖게 돼 있습니다. 유통기한이 짧아 돌려주기 어려운 식품은 폐기하죠. 이렇게 하지 않으면 납품을 노리는 업체가 샘플 명목으로 담당자에게 고가의 물건을 제공하기도 합니다.

접대를 하고 나면 기대를 하게 돼 있습니다. 그게 인지상정이니까요. 커피 한 잔을 얻어 마셔도 나중에 갚는 것이 우리나라 문화입니다. 또 어찌 보면 그게 합리적인 사고일 수도 있죠. 결국 윤리경영은 '공

아홉 경영구루에게 묻다

짜 점심은 없다 There is no free lunch' 는 서양 격언으로 압축할 수 있습니다.
공짜가 없다는 건 사실 경제학의 기본 명제죠.

윤리경영은 욕먹을 각오로 하라

Q 윤리경영의 적은 누구입니까? 회사 내부에도 있고, 외부에도
적이 있겠죠? 윤리경영에 대한 내부의 저항도 윤리경영의 적이라고 할
수 있나요? 이와 같은 내부 구성원의 저항은 어떻게 완화할 수 있을까
요? 윤리강령이 있어도 사문화하면 소용없지 않습니까?

A 가장 무서운 적은 윤리경영에 대한 공감대 형성을 방해하는
내부 구성원들입니다. 내부의 적이죠. 경영진에게는 문제를 제기하지
않으면서 동료에게 윤리경영에 대해 부정적인 이야기를 퍼뜨리는 사람
들이 있어요. 윤리경영에 대한 내부의 불만 세력, 윤리경영에 대해 반대
논리를 내세우는 내부의 안티들이라고 할 수 있죠. 그래서 교육을 통해
지속적으로 윤리경영을 강조해야 합니다.

구성원 가운데서도 경력사원들이 상대적으로 이런 문제를 많이
일으킵니다. 신세계도 회사가 성장하면서 경력사원을 많이 뽑았는데 이
들 가운데 윤리경영에 딴지를 거는 사람들이 더러 있었습니다. 외국 기
업에 근무할 때보다 더하다는 둥 다른 회사 다하는 걸 왜 우리만 안 하
느냐는 둥. 그런데 막상 윤리경영에 어긋나는 사고가 나서 징계를 하려
고 보면 신입사원 때부터 윤리경영 교육을 받은 사람보다 외부에서 온
경력사원이 걸리는 경우가 많습니다. 이미 접대 등 윤리경영에 반하는
문화에 젖어 있기 때문이겠죠.

뿌리치기 힘든 내부의 업무상 유혹도 있습니다. 신세계 같은 유통업체는 명절 때 기프트와 상품권을 많이 팔아야 합니다. 그런데 이런 입장과 선물 돌리지 말라는 윤리경영은 서로 배치됩니다. 그래서 영업을 맡은 직원들이 한때 저에게 이건 문제가 있다고 어필을 많이 했습니다. 그때 딱 잘라 말했습니다. "윤리경영을 위해서라면 명절 때 기프트 안 팔려도 좋다."

이런 일도 있었습니다. 구매를 총괄하던 어느 임원이 명절 때 협력업체에 회사 차원에서 약소한 선물을 돌렸다고 자랑삼아 이야기했습니다. 선물을 받을 입장에 있는 사람으로서 받기 전에 먼저 보냈으니 윤리적으로 문제가 없다고 생각한 것이죠. 그래서 제가 크게 나무랐습니다. 신세계에서 명색이 구매를 총괄하는 임원이 선물을 보냈는데 협력업체가 그냥 넘어갈 수 있습니까? 아마 그 임원에게 다들 선물을 보냈을 겁니다. 협력업체를 선정하는 자리에 있는 사람이니 더 고가의 선물을 보냈겠죠. 결과적으로 협력업체에 더 큰 부담을 준 셈입니다.

선물을 안 돌린다는 게 참 어려운 일이기는 합니다. 더욱이 선물을 돌리다가 중단하기란 쉽지 않습니다. 받다가 못 받으면 상대방도 서운해 하지 않겠습니까?

읍참마속泣斬馬謖의 심정으로 아끼던 직원을 내보낸 적도 여러 번 있습니다. 사람이 괜찮고 능력도 있어 앞으로 잘나가겠구나 했던 직원이 사소한 부정을 저질렀을 땐 참 안타깝습니다. 한 번의 실수였고 내보내기는 아깝지만 그래도 형평성이라는 원칙을 지키기 위해 내보냅니다. 형평에 어긋나면 구성원들이 수긍을 못 하거든요. 누구는 괜찮고 누구는 안 되고 하면 그런 일을 겪고도 구성원들이 교훈을 얻을 수 없습니다. 한 사람에게 벌을 주어 백 사람을 경계하는 일벌백계一罰百戒야말로 윤

아홉 경영구루에게 묻다

리경영의 중요한 원칙입니다.

윤리경영에 영향을 미치는 외부 환경으로는 언론과 NGO를 꼽을 수 있습니다. 윤리적으로 문제가 없는 경영 행위에 대해 비윤리적이라고 비판을 하면 윤리경영을 하는 회사로서는 타격이 크죠. 일례로 외환위기 때 신세계 대주주가 개인 지분을 처분해 마련한 돈으로 증자에 참여해 광주 신세계의 자본금을 늘린 일이 있습니다. 자본잠식 상태에 놓인 회사를 정상화하기 위한 자구노력이었죠. 당시 참여연대가 이에 대해 편법 증여를 하기 위한 것인 양 매도했는데 이런 공격을 당하면 윤리경영을 하는 회사로서는 이미지가 실추됩니다.

내부자들도 회사 이미지를 실추시킬 일은 하지 않도록 뉴스페이퍼 테스팅을 하게 합니다. 한마디로 신문에 부정적으로 기사화될 일을 절대 하지 말라는 거죠. 가령 매장을 지어야 하는데 인허가가 빨리 안 난다고 해서 관행적으로 촌지를 주는 일이 없도록 하라고 합니다. 그랬다가 신문에 나고 대표자가 불려다니고 회사 이미지가 실추되느니 차라리 건축 기간이 연장되는 편이 낫다는 거죠. 신문에 나지 않도록 하는 건 윤리경영의 최저 기준을 지킨다는 의미가 있습니다.

사실 가장 큰 적은 접대 안 받겠다는데 도리어 손가락질하고 따돌리는 사회적 풍토입니다. 접대 문화가 없어지려면 신세계 페이 같은 움직임에 다른 업체도 동참해야 합니다. 동참하는 회사가 많지 않아 사회적으로 확산이 안 되면 지속하기가 어렵죠. 밥값을 각자 내는 게 쑥스럽기는 하지만 선진 기업들은 다 그렇게 하거든요. 우리도 하루빨리 제 몫을 각자 내는 합리적인 문화가 이른바 대세가 되어야 합니다. 다행히 요즘 젊은 세대는 조금씩 바뀌고 있습니다.

가장 경계해야 할 일은 윤리경영 이전으로 돌아가는 것입니다.

가정의례준칙이 없어지고 난 후 결혼식 비용이 크게 늘어났습니다. 이러다 호화 결혼식이 일반화되는 것이 아닌가 걱정이 들 정도죠. 신세계도 호텔을 갖고 있지만 호텔 영업이라는 차원에서는 이런 풍조가 덕이 될 수도 있어요. 그런데 결과적으로 이런 결혼식은 보통의 하객들에게 부담을 줍니다. 그런가 하면 요즘 일부에서는 친척·친지들만 모여 간단히 결혼식을 합니다. 그랬다가 주변 사람들에게서 왜 연락을 안 했느냐는 핀잔을 듣기도 하죠. 윤리경영도 이렇게 욕먹을 각오로 하는 겁니다. 사회 지도층이 먼저 친척·친지들만 초대해 결혼식 치르고 나중에 주변에 알리는 게 바람직하듯이 윤리경영도 경영진이 솔선수범해야 합니다.

신세계에 온 지 얼마 안 됐을 때의 일입니다. 제 바로 밑에 있던 간부가 명절 때 집으로 선물 바구니를 들고 찾아왔습니다. 일단 선물은 받고서 똑같은 선물을 그 사람에게 보냈습니다. 그 후 간부회의 때 이렇게 말했습니다. "내가 삼성에 근무하는 동안 윗사람이 아랫사람에게 뭘 해주는 건 봤지만 명절날 아랫사람이 윗사람을 찾아다니는 일은 없었다. 그런데 신세계에 와서 이런 일을 겪었다. 그런 행동을 하는 사람은 앞으로 인사상 불이익을 주겠다."

선물을 용납하지 않겠다고 공식적으로 선언을 한 것이죠. 저희 집에 왔던 간부의 실명을 밝히지는 않았습니다. 그 후로 이런 일이 없어졌습니다. 이런 상납이 암암리에 성행하면 공정한 인사가 이루어지기 어려워요. 상납을 받기 시작하면 그쪽으로 기우는 게 인지상정입니다. 그러다 보면 사내에 라인, 비선조직 같은 게 생기고 줄서기가 조직문화로 뿌리를 내리게 마련이죠. 이런 문화가 고질이 돼버리면 매관매직까지 가는 겁니다. 윤리경영의 첫 단계에서 주저앉고 마는 것이죠. 그래서 이렇게 말하곤 합니다. "조직에 충성하되 개인에게 충성하지 말라."

아홉 경영구루에게 묻다

기업 여윳돈을 풀어 사회문제 해결에 앞장서라

Q 윤리경영의 범위는 어디까지인가요? 윤리경영의 외연을 너무 확장하는 것 아닌가요? 다른 회사와의 경쟁이 극심해지면 윤리경영을 좀 유보해도 되지 않나요? 윤리경영이 과연 지속가능한 경영을 담보할 수 있습니까? 시민사회가 기대하는 높은 수준의 윤리적 기준을 충족시키려다 너무 높은 비용 부담으로 성장이 둔화할 수도 있지 않나요?

A 윤리경영의 범위는 아무리 확대해도 지나치지 않습니다. 윤리경영은 기업 내부의 부정을 몰아내고 투명성을 제고하는 것에서 출발하지만 다양한 이해관계자와의 상생을 넘어서 시장경제를 보완하는 단계까지 나아가야 합니다. 현대 경영학의 아버지로 불리는 피터 드러커가 설파했듯이 자본주의는 인간의 삶의 질을 고려하지 못하는 단점이 있습니다. 그런데 이런 자본주의 경제 자체의 모순을 해결할 순 없지만 이를 완화할 수는 있어요. 정부도 역할이 있고 개인도 기부 등을 통해 이런 모순을 해소하기 위해 노력해야겠지만, 저는 경제 주체인 기업이 이 일을 해야 한다고 봅니다. 기업이야말로 부가가치를 창출하기 때문이죠. 게다가 자본주의 체제가 흔들리면 기업도 위태로워질 수밖에 없잖아요? 즉 자본주의 체제가 지속되고 나아가 발전하려면 기업이 체제의 모순을 해결하는 주체가 되어야 합니다. 부가가치를 배분하는 과정에서 윤리적인 기준을 적용해야 한다는 것이죠.

물론 확대재생산을 통해 경제적인 목표를 달성하는 게 가장 중요합니다. 하지만 확대재생산도 무한정 지속할 수 있는 건 아니죠. 단적으로 인구가 줄어들면서 생산능력 과잉 상태에 빠진 업종이 상당히 많습니다. 사정이 이렇다 보니 많은 기업에 현금이 쌓여 있습니다. 그런가 하면 새로운 수종 사업을 찾기는 어려운 실정이죠. 쌓인 여유 자금을 어디에 쓸 건지는 전적으로 기업이 결정합니다. 저는 이 돈을 양극화 같은 자본주의 체제의 모순을 완화하는 데 썼으면 합니다. 정부의 손길이 미치지 않는 사회 문제, 환경 문제를 개선하는 데 기여할 수도 있겠죠. 이렇게 되면 기업에 대한 사람들의 정서적인 반감을 해소하는 데도 도움이 될 겁니다. 결과적으로 기업하는 환경도 좋아질 거고요. 금융위기가 닥쳤을 때 자본주의 경제가 위기에 봉착한 게 아니냐는 반성이 있었습니다. 그런 위기감이 들수록 윤리경영을 해야 합니다. 시장경제를 보완하고 자본주의를 지속가능한 체제로 만들려면 기업들이 반드시 윤리경영을 해야 합니다. 만일 기업들이 모두 자사의 이익만 추구하고 비윤리적으로 행동한다면 자본주의 체제도 결국 무너지지 않겠습니까?

경쟁이 극심해지면 윤리경영을 오히려 강화해야 합니다. 윤리경영을 한다고 해서 이익이 적게 나는 것도 아니거니와 절대로 경쟁에서 불리해지지 않기 때문이죠. 윤리경영은 궁극적으로 이익을 더 내고 그래서 늘어난 이익을 더 많이 나누자고 하는 겁니다. 그러니 경쟁이 치열할수록 윤리경영을 강조해야죠. 경쟁이 좀 심해졌다고 해서 윤리경영을 적당히 하면 안 됩니다. 그러다 무너지면 그 타격이 훨씬 더 큽니다.

윤리경영이 지속가능한 경영을 담보하는지는 신세계의 실적이 말해줍니다. 윤리경영을 한 후로 신세계는 브랜드 가치와 주가가 지속적으로 상승했습니다. 저희는 신세계의 브랜드 가치 상승에 윤리경영이 50퍼센트 이상 기여했다고 봅니다.

지속가능한 경영의 첫째 조건이 이윤을 창출해 경제적으로 지속이 돼야 한다는 겁니다. 적자를 내는 회사가 직원들 상여금 주고 사회단

아홉 경영구루에게 묻다

체에 기부하고 그러다 분식결산한 끝에 공적자금이 투입된다면 경제적 책임을 다 하지 못한 것이죠. 시민사회의 요구에 부응했는지는 몰

라도 기업의 기본은 못 한 거죠. 이익을 내 급여를 지급하고 합법적으로 세금 내는 건 기업으로서 기본입니다. 그러고 나서 나머지 부가가치를 윤리적으로 배분해야죠. 기부를 할 때도 이익의 몇 퍼센트를 한다는 식의 기준이 있어야 합니다.

보수를 정하는 데도 윤리적인 고려가 필요합니다. 선진 기업들도 그렇고, 국내 대기업들도 이제 스톡옵션(주식매입선택권) 제도를 실시하는 회사가 거의 없습니다. CEO에게 스톡옵션을 주는 목적은 주주의 이익과 CEO의 이익을 일치시켜 주주총회에서 선출된 CEO로 하여금 기업 가치를 높이게 하려는 것입니다. 한때 좋은 제도라고 알려져 너도나도 도입했지만 결과적으로 반응이 좋지 않았습니다. 무엇보다 사내 특정 인사들, 의사결정에 참여하는 집단만 혜택을 누리다보니 조직에 상대적인 박탈감이 생겼습니다. 상대적인 박탈감이 커지면 조직이 잘 굴러갈 수가 없죠. 주주가 뽑은 임원이 경영 성과를 내 기업 가치를 올리는 건 사실 당연하고, 또 실적이 좋으면 주가는 당연히 오르게 돼 있습니다.

신세계는 스톡옵션을 도입하지 않았습니다. 제가 10만 주를 받아 스톡옵션을 행사한다고 가정하고 계산을 해보니 그 돈이면 전 직원에게 100퍼센트의 성과급을 지급하고도 남더라고요. 일본의 도요타 같은 회사엔 CEO의 급여에 관한 내부 규정이 있습니다. 구성원 평균 급여의 20배를 초과하지 않도록 한다는 일종의 불문율이죠. 이 정도면 제대

구학서의 윤리경영론

로 보상하는 게 아닌가 싶어요.

　　　그런데 미국 기업이나 한국 기업에 이런 규정이 있다는 이야기는 못 들어봤습니다. 물론 기여도를 따지면 20배 이상 차이가 날 수도 있습니다. 경영진의 적절한 의사결정으로 2000배의 이익이 날 수도 있어요. 그렇다고 해서 CEO의 급여를 그만큼 높게 책정할 수는 없습니다. 우리 사회의 통념에 맞지 않기 때문이죠. 일본 경제가 강한 것은 이런 통념이 지켜져 조직이 안정되고 계층 간에도 갈등이 별로 없기 때문입니다.

　　　이익이 많이 나면 그에 따라 성과급을 받으면 됩니다. 주가를 올려놓았다고 해서 그 주가에 대해 일정 주식 수만큼 돈을 받는 건 타당치 않습니다. 주가는 당기 실적, 장래의 수익가치 말고도 현금 유동성, 투기적 요인 등 해당 기업의 실적과 관계없는 여러 요인에 의해 움직입니다. IMF 체제 당시엔 폭락했고 금융위기 때도 크게 출렁거렸죠. 이렇게 주가가 숱한 요인에 의해 움직이는데 주가가 떨어졌을 땐 아무런 책임도 지지 않고 올라가면 혜택을 주는 게 스톡옵션 제도입니다. 결국 다 회사 비용이죠. CEO 개인의 이익, 나아가 특정 소수 집단의 이익을 챙기는 결정을 의사결정권을 쥔 사람들이 하다 보니 이런 제도가 만들어진 겁니다. 절대다수의 이익을 위한 제도를 구상했다면 이런 제도가 생겼을 리 없죠.

　　　스톡옵션을 받은 임원들이 주가에 지나친 관심을 쏟다보니 무리한 자사주 매입, 허위 공시, 주가 조작, 분식결산 같은 유혹에 빠지는 겁니다. 오죽하면 과거 미국 연방준비제도이사회 앨런 그린스펀Alan Greenspan 의장이 스톡옵션은 CEO의 탐욕이라고 했을까요?

아홉 경영구루에게 묻다

나에겐 최선의 행동이 회사엔 최선이 아닐 수도 있다

Q 윤리경영 교육은 어떻게 합니까? 가장 중요한 게 뭔가요? 누구를 대상으로 교육을 해야 합니까? 윤리경영 교육을 사이버상에서 하는 것도 효과가 있나요? 아니, 근본적으로 윤리경영이라는 게 교육을 통해 학습될 수 있는 건가요? 윤리경영 교육의 애로는 무엇입니까?

A 윤리경영 교육의 가장 중요한 핵심은 교육을 통해 윤리의 실천을 담보할 수 있어야 한다는 것입니다. 실천을 담보하려면 윤리경영에 대한 오너와 경영진의 의지가 확고하고, 이들이 솔선수범해야 합니다. 경영진에게 과연 윤리경영에 대한 진정성과 의지가 있느냐가 관건이라는 것이죠. 이런 진정성과 의지를 일차적으로 회사 간부들이 피부로 느낄 수 있어야 합니다.

예를 들어보죠. 저는 간부 교육을 할 때마다 승진의 첫째 조건은 윤리적인 면에서 흠결이 없는 것이라고 이야기합니다. 아무리 능력이 뛰어나더라도 윤리적인 문제를 일으키면 절대 승진을 시키지 않겠다고 강조하죠. 인사철이 되면 실제로 유능하지만 윤리적 스캔들을 일으킨 사람은 승진이 안 됩니다. 간부들이 볼 때 능히 승진할 만한 사람인데 승진이 안 되는 겁니다. 회사를 떠나는 사람 중엔 '나중에 사장까지 하겠구나' 했던 사람도 있습니다. 이런 일을 겪으면서 비로소 '아 그 일 때문에 승진이 안 됐구나, 그런 문제를 일으키면 나도 승진을 못하겠구나' 하고 받아들이게 됩니다. 윤리적인 기준이 다른 어느 기준보다 우위에 있다는 사실을 확연히 알고 비윤리적인 행위에 따르는 막대한 리스크를 당사자들이 실감하게 되는 거죠. 그래서 윤리경영을 인사와 연계시켜야 합니다.

윤리경영은 협력회사의 협조가 중요하기 때문에 협력사 CEO들에게도 교육을 합니다. 윤리경영은 우리만 잘한다고 되는 것이 아닙니다. 지금까지 세 번 했는데, 반응도 괜찮았습니다. 협력회사에 여러 차례 협조 공문도 보냈는데, 일례로 이런 내용을 담았습니다. "지난해 명절 선물, 골프 접대, 향응을 받은 우리 임직원이 회사를 그만뒀고 선물 등을 보낸 협력회사와는 거래를 중단했다. 앞으로도 윤리경영을 위배하는 회사와는 거래 중단 등 거래의 제한이 불가피하다. 이번 설에 우리 임직원에게 금품을 전달하는 일이 없도록 해 달라."

이렇게 협력사 CEO들에게 교육을 하고 공문도 보내면 '아 적어도 구 아무개한테는 금품이 안 통하겠구나' 하면서도 '아랫사람들도 과연 그럴까, 개중엔 금품을 바라는 사람도 있지 않을까' 하고 생각하는 사람이 있습니다. 또 우리 직원 전체가 100퍼센트 윤리적이라고 단정할 수도 없고요. 윤리적으로 취약한 직원을 고의적으로 노리는 사람도 더러 있습니다.

윤리경영 교육은 케이스 스터디가 그 핵심입니다. 예를 들어보죠. 신세계의 윤리규범엔 신세계 직원의 경조사에 협력회사가 금품을 내놓지 못하도록 되어 있습니다. "부당한 이익을 제공하면 거래상 불이익을 받을 수 있다"고 아예 명문화돼 있죠. 하지만 현실에서 이런 상황이 닥치면 유혹을 받을 수 있습니다. 그래서 가상의 케이스를 놓고 토론을 벌입니다. 먼저 해당 팀장이 회사가 설정한 가상의 케이스를 소개합니다. 가령 이런 식이죠. "구매팀 김 과장이 다음 주에 결혼을 한다. 어느 날 팀의 선임인 이 과장이 팀원들을 소집해 각자 맡고 있는 협력회사에 김 과장의 결혼 소식을 전하라고 귀띔한다. 상사의 지시이다 보니 모두 e-메일과 휴대전화 메시지로 협력회사에 김 과장의 결혼 건을 알린다. 경조사를 협력회사에 알리는 것이 윤리규범에 위배된다는 사실을 알면서도 상사의 지시니까 따른 것이다.” 이렇게 케이스를 공유하고 나서 이런 경우 어떻게 행동하는 것이 바람직한지 토론을 벌이는 겁니다. 이때 사전에 팀원들이 당사자가 늘어놓을 수 있는 변명을 정리한 ‘변명 카드’를 뽑아 나름대로 자신의 입장을 설명합니다. 이런 식으로 케이스 스터디를 하고 나면 실제 상황이 벌어졌을 때 사전에 학습된 대로 행동을 하게 되죠. 이 가상의 케이스에서도 알 수 있듯이 윤리경영은 윗사람의 자세가 굉장히 중요합니다.

제가 전 직원을 대상으로 1년에 한 번씩은 직접 교육을 하는 것도 최고위층의 입을 통해 직접 들을 때 윤리경영이 회사 방침이라는 것을 직원들이 더 확실히 깨닫기 때문입니다. 중간층에서 저의 뜻을 그대로 전달하기도 어렵습니다만 무엇보다 윤리경영에 대한 저의 확고한 의지를 보여주려는 것이죠. 윤리경영은 톱다운 방식으로 하는 겁니다.

윤리경영에 대한 교육은 사이버 교육이 효과적입니다. 사이버 공간에서는 쌍방향 커뮤니케이션이 이뤄지기 때문이죠. 오프라인 교육은 정해진 시간에 강의를 듣는 것으로 끝나지만 온라인에서는 Q&A를 통해 실질적인 답변을 얻을 수 있고 자기 의견을 올릴 수도 있습니다. 신세계의 경우 사내 통신망에 윤리경영을 다루는 섹터가 따로 있습니다. 여기에 FAQ(자주 하는 질문)가 있고, Q&A와 토론도 여기서 할 수 있어요. 기업윤리실천사무국에서 올린 답변에 대해 댓글도 달 수 있습니다. 윤리경영에 대한 콘텐츠가 여기에 집대성돼 있는 셈이죠. 또 임직원들로 하여금 해마다 온라인에서 윤리규범을 정독한 후 확인서를 제출하도록 하고 있습니다.

윤리경영 교육을 하면서 느끼는 애로는 교육을 맡길 마땅한 외부 강사가 없다는 것입니다. 우선 대학에 체계적으로 공부하신 분이 없습니다. 윤리경영을 다루는 교수 중에는 경영학이나 경제학을 하신 분도 있지만 철학이나 영문학 전공하신 분도 있습니다. 윤리경영이 중요한 반면 이 분야를 체계적으로 연구하신 분이 아직은 없다고 할 수 있죠. 윤리경영은 어떻게 보면 학제적 접근이 필요한 분야입니다. 경영학과 철학 등 인문학이 만나는 지점에서 꽃피워야 할 학문이죠.

현업에 종사하는 기업체 직원들에게 윤리경영의 필요성을 감동적으로 전달하고 실천 의지를 북돋워줄 외부 교육기관이나 강사도 없는 실정입니다. 부분적으로, 가령 사회봉사라든지 환경 문제 등에 대해 강의할 분들은 있지만 윤리경영에 대해 체계적으로 다루는 분은 없습니다. 그래서 저희는 아쉬운 대로 내부의 기업윤리실천사무국에 강의를 맡기고 있습니다. 자체적으로 프로그램을 직접 개발해 교육을 하려니까 이래저래 어려움이 많죠.

신세계는 국내 기업으로는 처음으로 2002년 윤리경영 백서를 발간했습니다. 윤리적인 딜레마 상황에서 어떤 경로를 선택해야 하는지 교육하기 위해 신세계 윤리지도도 만들었습니다. 여기엔 이런 갈등적 상황에서 느끼는 혼란에 쐐기를 박는 문구들이 적혀 있습니다. '신세계에서 사실을 왜곡하고 합리화시키면서까지 달성해야 하는 비즈니스 목표란 없다' '자신을 위해서는 최선인 행동이 회사를 위해서는 최선이 아닐 수도 있다' 같은 것들이죠.

시시콜콜한 것까지 윤리강령으로 만들어라

Q 윤리강령은 윤리경영에 필수요소입니까? 윤리강령에는 어떤

아홉 경영구루에게 묻다

내용을 담아야 하고, 규정은 얼마나 구체적으로 만들어야 하죠? 윤리강
령 제정은 누가 주도하는 게 좋습니까? 윤리강령이 잘 돼 있는 선진 기
업들은 어디인가요?

　　　　A　윤리강령은 윤리경영의 필요조건입니다. 윤리경영을 하려면
해서는 안 되는 일을 자세히 규정한 윤리강령이 반드시 있어야 합니다.
사람마다 비윤리적인 행위에 대한 기준이 다르기 때문이죠. 예를 들어,
어떤 사람은 명절에 거래처에서 구두 티켓을 받는 정도는 관례라고 생각
할 수 있습니다. 그런 사람도 현금으로 큰돈을 받으면 안 된다고 할 겁니
다. 반대로 식사 한 끼도 대접 받아서는 안 된다고 생각하는 사람도 있을
거예요. 신세계의 윤리규정엔 이렇게 정해져 있습니다. "신세계 임직원
은 명절이나 기념일, 또는 출장 등 어떤 명목으로도 금액의 많고 적음을
떠나 선물이나 금품을 주지도 받지도 않는다. 또 협력회사 직원과 차 한
잔, 점심 한 끼를 같이하더라도 반드시 자기 몫은 자기가 계산한다." 서
로 부담을 주지 말자는 거죠. 취지는 물론 갑과 을이 서로 대등한 관계에
서 공정하게 거래를 하자는 겁니다. 신세계 페이의 개인 한도액은 10만
원입니다. 부정을 막으려면 내부에 구성원을 견제하는 시스템이 있어야
합니다. 윤리경영은 시스템을 만
들어가는 과정이라고 할 수 있죠.
　　그런데 신세계만 이렇게
하는 건 아닙니다. 저희가 윤리강
령을 만들면서 IBM, 존슨앤드존
슨, HP, P&G, 3M 등 여러 선진
기업의 윤리규정을 참고했습니

윤리강령은 윤리경영의 필
요조건이다. 윤리경영을 하
려면 해서는 안 되는 일을
자세히 규정한 윤리강령이
반드시 있어야 한다. 사람마
다 비윤리적인 행위에 대한
기준이 다르기 때문이다.

구학서의 윤리경영론

다. 3M의 규정집 선물 증여 항목엔 이런 내용이 있습니다. "사업과 관련해 상대방에게 연간 50달러 이상의 금품이나 향응을 제공할 수 없다. 여기서 커피와 도넛은 제외한다." 과거 공무원이 받는 접대에 대해 5만 원 이상은 안 된다는 규정을 실무자가 만들어 보고했을 때 당시 대통령이 "내 생각과 다르다"고 말한 일이 있습니다. 실은 바로 이렇게 사람마다 잣대가 다르기 때문에 구체적으로 금액을 규정하는 겁니다. 그래야 자의적으로 판단하지 않습니다.

물론 이렇게 금액을 특정했을 때 생기는 문제도 있죠. 그렇지만 악법도 법이란 말이 있듯이 불완전한 규정이라고 하더라도 없는 것보다는 낫습니다. 이것이 윤리경영을 40~50년 해온 선진 기업들의 결론입니다. 이토록 세세하게 규정을 만든 건 물론 경영에 도움이 됐기 때문이죠. 사실 법은 우리의 상식에 비추어 범법 여부를 판단할 수 있습니다. 가령 살인, 절도, 사기 행위는 굳이 법전을 들여다보지 않더라도 보편적인 법의식에 맞지 않기 때문에 보통사람이라면 하지 않습니다. 하지만 윤리규정은 시시콜콜하게 명문화하지 않으면 사람들이 저마다 자의적으로 판단할 개연성이 크죠. 규정을 만들고 이를 명문화하는 건 재량적 판단의 범위를 최소화하고, 구성원 모두가 똑같은 결정을 내리도록 하기 위해서입니다.

윤리강령이 얼마나 시시콜콜한지 예를 들어볼까요? 이를테면 거래처에서 보낸 샘플 가운데 테스트를 하고 남은 것은 우리가 비용을 부담해 택배로 돌려보내도록 되어 있습니다. 택배로 보낸 기록은 샘플 반송의 근거가 되죠. 이런 규정이 없었을 땐 남은 샘플을 창고에 보관했다가 담당자가 개인적으로 쓰기도 하고, 임원들이 퇴사할 때 선물로 사용한 일도 있습니다. 이런 것을 허용하면 거래처에서 샘플이라는 명목으

아홉 경영구루에게 묻다

로 물건을 더 보낼 수도 있고, 더 좋은 물건을 슬며시 갖다줄 수도 있습니다. 남은 샘플을 택배로 반송한다는 규정은 이런 일을 미연에 막는 장치입니다.

윤리강령은 딱히 핵심적인 내용이랄 게 없습니다. 그냥 행동의 준칙일 뿐이죠. 신세계의 경우 협력회사와의 관계에서 갑의 입장에 있다 보니 저희 임직원 상호 간의 관계보다 협력회사와의 공정한 거래를 강조한 측면은 있습니다. 주로 을의 입장인 회사나 공기업이라면 강조점이 다를 수도 있다고 봅니다. 만일 을의 입장이라면 비즈니스에 필요한 식사 정도는 허용해야겠죠. 이런 것까지 막으면 아마 내부에서 윤리강령 때문에 영업 실적이 나빠졌다느니 하는 이야기가 나올 겁니다. 그렇더라도 신문에 부정적으로 기사화될 일을 해서는 안 됩니다. 우리 문화가 합리적으로 바뀐다면, 바꿔 말해 우리 사회에 글로벌 스탠더드가 뿌리를 내린다면 갑이나 을이나 기준이 같아지겠죠. 그때 비로소 갑과 을이 호혜적이자 수평적인 관계가 되는 겁니다. 윤리규정에도 이런 내용이 있습니다. "협력회사와의 약속은 반드시 지키고 내방 고객을 긴 시간 기다리게 해서는 안 된다. 부득이한 사정으로 약속을 지키지 못할 경우 사전에 정중히 양해를 구한다."

윤리경영은 한마디로 글로벌 스탠더드에 맞추는 겁니다. 우리 문화의 유교주의적 특성, 단적으로 혈연·학연·지연을 중시하는 연고주의 풍조는 합리적인 글로벌 스탠더드와 상충하죠. 아메리칸 스탠더드가 곧 글로벌 스탠더드는 아니겠지만 상대적으로 글로벌 스탠더드에 더 가깝다고 봅니다. 유교주의는 집안에선 미덕이지만 기업에서는 배척해야 할 악덕이라고까지 할 수 있습니다. 그래서 입사 동기 모임, 동호회 등은 장려하지만 전통적으로 특정 학교나 특정 지역 출신끼리의 모임은

구학서의 윤리경영론

하지 못하게 합니다. 동문이나 동향끼리 단합하면 그 그룹에 속하지 않은 사람들에게 불이익을 줄 수 있기 때문이죠. 국가적으로도 선거 때면 특정 정당에 대한 쏠림 현상이 나타나는데 이 역시 지역주의가 고착됐기 때문이라고 봅니다. 출신 지역이 의사 결정에 가장 중요한 변수이기에 나타나는 현상이죠. 결코 합리적인 의사 결정이라고 할 수 없습니다. 그런데 이런 현상이 회사 안에서도 나타날 수 있어요. 한국적인 기업 풍토에서는 같은 지역 출신이라고 진급시켜주고, 동향이라고 납품권을 주는 일들이 실제로 벌어집니다. 당연히 윤리강령에도 이를 차단하는 규정이 있습니다. "학벌, 성별, 종교, 혈연, 출신지역, 연령, 장애, 결혼 여부, 국적, 인종 등에 따른 파벌 조성이나 차별 대우를 하지 않는다."

윤리강령을 마련하려면 전담 부서를 두는 게 좋습니다. 대기업이라면 업무 성격이 유사한 감사실, 법무실 등을 개편해 활용할 수도 있습니다.

신세계 직원들은 해마다 '윤리 다이어리'라는 윤리강령 수첩을 받습니다. 윤리경영 철학을 협력회사 임직원과 공유하기 위해 만들었죠. 표지를 넘기면 '윤리경영 실천을 위한 반성의 거울'이 붙어 있습니다. 거울엔 이렇게 적혀 있죠.

"여러분은 하루에 몇 번 거울을 보십니까? 스스로 한 점 부끄러움 없이 윤리적으로 투명하게 업무를 수행하고 있습니까?"

세계적인 다국적 기업들은 해외에 진출할 때 현지화localization 정책을 폅니다. 그렇지만 현지화하지 않는 것이 한 가지 있죠. 바로 기업 윤리입니다.

아홉 경영구루에게 묻다

구학서 회장이 신세계에 윤리경영을 도입한 배경이 있습니다. 구 회장은 1980년대 중반 삼성물산 도쿄지사에 근무했습니다. 그 시절 그가 만난 일본 사람들은 점심값을 각자 냈습니다. 자기 몫을 정확히 알아내느라 '좀스럽게' 주머니에서 계산기를 꺼내 두드리기도 했다고 합니다. 이 어색한 문화에 적응하는 데는 그리 많은 시간이 걸리지 않았습니다. 그는 각자 먹은 만큼 내는 것이 합리적일 뿐더러 나중엔 더 편하더라고 말했습니다. 그런데 그가 오래전 삼성에 입사했을 당시 삼성의 생활수칙 1호도 '자기 몫은 자기가 낸다' 였다고 합니다. 하지만 아무도 이 수칙을 지키지 않았죠.

1999년 신세계 대표이사 부사장에 취임한 그는 '신세계 페이' 라는 제도를 시행합니다. 협력업체 사람 등과 식사를 할 때 회사 영업비로 밥값을 내도록 한 제도죠. 십여 년 전 일본에서 목격한 더치 페이 문화에 대한 좋은 인상이 작용했음은 물론입니다. 도입 초기 내부의 반발이 심했지만 이 제도는 성공적으로 신세계에 뿌리를 내렸습니다.

여기에는 아버지의 영향도 있었습니다. 구 회장의 아버지 구연욱(具然旭)은 평생 정직하게 살았다고 합니다. 당시로서는 드물게 자동차 운전면허를 소지했던 구연욱 씨는 자동차를 직접 조립하는 등 재능이 많고 성격도 구 회장과 달리 활달했다고 합니다. 그 아버지가 평생 그에게 타이른 말이 '정직하고 성실하게 살라' 였다고 하더군요.

그의 팔순 노모 송정순 여사는 하루도 거르지 않고 그를 위해 기도를 한다고 합니다. 그런 어머니도 그에게는 청탁을 하지 않습니다. 아들이 들어주지 않는다는 것을 경험적으로 알기 때문이죠. 그는 청탁을 안 들어준다고 소문나면 그 후로는 아예 청탁이 들어오지 않는다고 말합니다.

2008년 추석을 앞두고 구 회장에게 작은 선물을 보낸 일이 있습니다. 그에 앞서 제가 몸담은 회사에서 기자들에게 감사의 뜻을 전하고 싶은 취재원을 적어내라고 했습니다. 저는 평소 인터뷰와 이메일 서베이 요청으로 괴롭힌 구 회장 등 세 사람의 이름을 적었죠. 그 후 구 회장이 선물을 반송해 왔습니다. 아차 싶었습니다. 선물을 받는 것이 그의 트레이드마크인 윤리경영에 반한다는 생각을 미처 하지 못했던 거죠. 이 일로 저는 그에게 사과 메일을 띄웠습니다.

02 일하기 좋은 회사가 실적도 좋다
김종훈의 일하기 좋은 기업론

김종훈 한미글로벌 회장은 1996년 건설사업관리(CM) 전문회사 1호인 한미파슨스(한미글로벌의 전신)를 설립했습니다. 이로써 CM의 불모지였던 국내에 CM 시장이 창출되었죠. CM은 건축주를 대신해 건설사업의 전 과정을 관리·감독함으로써 프로젝트의 완성도를 높여주는데, 악취가 풍기던 쓰레기 매립장을 녹색 그라운드로 바꿔놓은 서울 상암동 월드컵주경기장이 바로 한미글로벌의 작품입니다.

한미글로벌이 CM을 담당함으로써 월드컵주경기장의 공기는 4개월 단축됐고, 40억 원의 공사비가 절감됐습니다. 이렇듯 CM 전문회사가 공사에 참여하면 공기는 단축되고 공사비가 절감되죠. 한미글로벌은 8년 연속 '일하기 좋은 기업(GWP: Great Work Place)' 상을 받았고 최근 3년간은 GWP 대상을 받았습니다. 설립 이래 김 회장이 행복한 일터, 꿈의 직장을 추구한 결과죠. 그는 2010년 말 출간한《우리는 천국으로 출근한다》에 그 과정을 담았습니다.

김 회장은 15년 전 창업을 할 때 친족 배제의 원칙을 세웠습니다. 창업주의 친인척이 회사에 들어오면 장점도 있지만 파벌의식, 조직의 사유화 등 여러 가지 문제가 생길 것으로 내다봤기 때문입니다. 2006년 창업 10주년을 맞아 자신이 제안해 도입된 2개월의 유급휴가를 떠난 그는 경영권을 자식에게 물려주지 않기로 결심합니다. 그 후 한미글로벌은 경영권 승계 프로그램을 마련했고, 2011년 초 이순광 부사장이 대표이사 사장에 취임합니다. 바로 그의 후계자죠. 그는 여전히 지분율이 30퍼센트 선인 이 회사의 1대주주입니다.

한미글로벌은 사회공헌 활동에도 적극적입니다. 전 구성원이 매달 본봉의 1퍼센트를 기부하고 회사가 그 두 배에 해당하는 금액을 기부하죠. 전 임직원 본봉의 3퍼센트에 해당하는 액수가 사회공헌 활동에 투입되는 셈입니다. 매월 넷째 주 토요일엔 전 구성원이 전국 40여 곳의 사회복지기관에서 장애인 대상 봉사 등을 합니다. 김 회장은 이런 활동이 구성원 간의 소통과 단합을 증진시키고 회사에 자부심을 갖게 해준다고 말합니다. 그 결과 실적도 좋아집니다.

김 회장은 워런 버핏이나 빌 게이츠처럼 우리나라 대기업의 오너들도 적극적으로 기부에 나서야 한다고 주장합니다. 기업이 힘이 세진 만큼 그에 상응하는 올바른 일, 아름다운 일을 해야 한다는 것이죠. 그는 65세가 되는 2014년 회사 일에서 손을 떼고 사회봉사 활동에 전념할 생각입니다.

일하기 좋은 기업을 만들면 고객과 주주도 혜택 받는다

Q 일하기 좋은 기업은 무엇이 다릅니까? 성과도 좋습니까? 구성원 우선주의를 표방하는데 구성원이 과연 주주나 고객보다 우선이라고 할 수 있나요? 종업원 지주제가 구성원이 우선인 직장을 실현하기 위한 조건은 아닙니까? 구성원 우선주의는 업종과 관계가 있나요? 일하기 좋은 기업에 맞는 CEO는 어떤 리더인가요?

A 회사 설립 당시부터 저는 구성원 중심의 경영을 하기로 마음먹었습니다. 사실 구성원이 주인인 회사는 저의 오랜 꿈이자 스스로 한 약속이었습니다. 구성원을 내부 고객이라고 하지 않습니까. 내부 고객이 스스로 만족스러우면 성과가 좋아져 외부 고객이 행복해지죠. 그 결과 외부 고객이 제품을 다시 구매하고 주변에 추천도 하다보면 당연히 주주에게 돌아가는 몫도 커지게 마련이에요. 일종의 선순환이 이루어지는 겁니다. 이런 경영은 높은 성과를 내기 위해서 필요할 뿐더러 바람직한 노사문화를 가꾸는 데도 도움이 됩니다.

김종훈의 일하기 좋은 기업론

한미글로벌은 '일하기 좋은 기업 GWP'을 회사의 미션으로 규정하고 있습니다. 전 구성원이 경영비전 카드를 소지하고 다니는데, 여기에 명시한 미션에 '구성원들에게 일하기 좋은 기업을 만들어 즐겁고 보람 있는 일터를 제공한다'고 못 박았습니다. 월요일마다 복창하는 이 미션은 비전, 핵심가치와 더불어 회사 경영의 기본 틀이죠. 좋은 일터를 제공하는 것은 말하자면 한미글로벌의 존재 이유 가운데 하나입니다.

GWP를 지향하는 기업으로서 우리 회사는 종업원이나 직원 대신 구성원이라는 말을 씁니다. 구성원이라는 말엔 존중의 의미가 담겨 있죠. 반면 종업원은 경영진과의 주종관계를 연상시킵니다. 기업의 구성원은 비용이 아니라 자산입니다. 기업은 곧 사람입니다. 우리 회사는 외환위기 당시 단 한 명도 구조조정을 하지 않았습니다. 2008년 세계경제위기가 닥쳤을 땐 아예 구조조정을 하지 않겠다고 선언했습니다. 외환위기를 극복한 후 호황기에 구성원 1~2퍼센트를 정리한 일은 있습니다만.

외환위기 당시 많은 기업의 구성원들은 조직을 배반하지 않았습니다. 배반한 쪽은 오히려 조직 또는 경영진이었죠. 그 바람에 국내 유수의 기업을 비롯해 많은 회사에서 조직문화가 붕괴했습니다.

GWP 운동은 기업을 2002년 월드컵 4강 신화를 쓴 한국 축구 국가대표팀과 같은 조직으로 만들자는 겁니다. 당시 선수 한 사람, 한 사람의 실력은 4강에 들기에 역부족이었지만 히딩크 감독의 탁월한 리더십과 국민의 열광적인 성원이 어우러져 말 그대로 꿈을 이루지 않았습니까? GWP를 지향하는 조직의 구성원은 열정이 넘치고 자부심과 주인의식이 있습니다. 서로 협력하고 배려하면서 즐겁게 일하죠. 이런 조직은 성과도 훨씬 좋습니다. GWP의 핵심적 요소가 상호 신뢰, 조직에 대한 자부심, 동료애랄까 좋은 동료관계인데 이런 조직의 구성원은 일도 재미있어 합니다. 그러니 성과가 좋을 수밖에 없죠.

또 구성원들이 회

사에 출근하는 게 즐거워야 합니다. 〈포춘〉이 발표한 GWP 100대 기업에 속하는 미국의 유통기업 컨테이너 스토어는 휴가를 떠난 구성원들이 동료를 그리워하고 빨리 출근하고 싶어 안달한다고 합니다. 구글처럼 크고 유명한 회사도 아니에요. 이 회사 킵 틴델Kip Tindell CEO는 "회사는 직원이 출근하는 것을 즐겁게 여기도록 만들 의무가 있다"고까지 말합니다. 저 역시 전 구성원이 비전을 공유하고 출근하고 싶어 안달인 회사를 만드는 게 꿈입니다.

GWP에 맞는 리더는 약자를 배려하는 서번트 리더십의 소유자입니다. GWP는 구성원이 기업의 주인이 되는 운동입니다. 주인이 되게 하려면 그런 철학을 지닌 리더가 구성원을 주인으로 대접해야죠. 구체적으로 구성원 우선의 정책을 써야 돼요. 우리 회사는 사규를 적용할 때 해당 조항이 모호하면 구성원에게 유리하게 해석합니다. 경영지원 부서엔 '회사 편이 아니라 구성원 편에 서라'는 지침을 줬습니다.

그런데 우리나라의 많은 기업은 구성원을 종처럼 다루면서 주인의식을 가지라고 말합니다. 주인의식이란 말이 구호성에 그치는 거죠. 회사가 이익을 많이 내면 인센티브 등을 통해 구성원들에게 적절한 보상을 해줘야 합니다. 주주들도 구성원을 배려하는 마음이 있어야 선순환이 이루어집니다. 경영진과 구성원, 주주가 책임의식을 갖고서 저마

김종훈의 일하기 좋은 기업론

다 자신의 역할을 다할 때 비로소 선순환이 완성됩니다.

종업원 지주제를 도입하면 GWP를 실현하기에 좋은 지배구조를 갖출 수 있죠. 매우 바람직하다는 점에서 날개를 다는 거라고 할 수 있어요. 우리 회사는 상장 후 지분이 다소 분산됐지만 그때까지 100퍼센트 구성원 지주회사였어요. 구성원이 곧 주주인 만큼 노사 구분이 없습니다. 그러나 종업원 지주제가 GWP의 필요조건은 아닙니다. 이런 제도 없이도 구성원이 우선인 직장으로 만들어 갈 수 있습니다.

우리 회사가 GWP 운동을 벌이니까 "당신네는 돈을 잘 버니 그런 것도 하는 거 아니냐"고 하는 CEO들이 있습니다. 우리가 쓰는 돈은 노사 분규로 치르는 비용의 5분의 1에서 3분의 1 수준입니다. 회사가 선제적으로 구성원 우선의 경영을 하면 사실 노조도 필요 없습니다.

우리 회사는 누가 큰 병에 걸리면 회사 차원에서 지원할 뿐더러 동료들이 십시일반으로 돕습니다. 바자도 열고 모금운동도 벌이죠. 다른 회사처럼 책상을 치우지도 않습니다. 대장암 판정을 받고 나서 휴직했다가 병세가 호전돼 복직한 사람이 있습니다. 수술 후 열한 번의 항암 치료를 받은 그가 돌아왔을 때 우리는 업무를 잠시 미루고 전 구성원이 환영 파티를 열었습니다. 중병에 걸린 가족도 동료들이 나서서 도왔습니다. 회사와 상관없었지만 구성원 한 사람이 갑자기 세상을 떠났을 땐 자녀의 취업을 돕는 등 회사가 그 유가족을 끝까지 돌봤습니다. 이렇게 해서 생기는 결속력에 비하면 그에 들어가는 비용은 정말 별것 아닙니다.

구성원 우선주의는 업종과 관계없습니다. 블루칼라 중심의 제조업체도 실천할 수 있어요. 언젠가 캐

> 성과란 구성원을 잘 대우하고 이들이 고객을 만족시킬 때 고객이 보내는 박수와 같은 것이다.

아홉 경영구루에게 묻다

논 안산공장을 방문하고 깜짝 놀랐습니다. 그 공장은 우리처럼 GWP란 말은 안 쓰지만 GWP의 정신이 살아 있었습니다. 회사 측이 직원들을 존중하고 인간적으로 대했는데 탁월한 성과를 올리고 있었습니다. "성과란 구성원을 잘 대우하고 이들이 고객을 만족시킬 때 고객이 보내는 박수와 같은 것이죠"《칭찬은 고래도 춤추게 한다》의 저자 켄 블랜차드 박사).

조직문화는 기업의 최후 경쟁력, 구성원을 광신도로 만들어라

Q 좋은 기업문화를 강조하는데 기업문화가 그렇게 중요합니까? 기업문화가 좋으면 무엇이 좋은가요, 회사 실적도 좋아지나요? 한미글로벌의 고유한 기업문화로는 무엇을 꼽을 수 있나요?

A 기업문화야말로 기업에서 가장 소중한 최후의 경쟁력입니다. 특히 회사가 어려워지거나 위기에 봉착했을 때 좋은 기업문화는 결정적 힘을 발휘하죠. IBM의 전설적인 CEO 루 거스너 Lou Gerstner 전 회장의 말 대로 기업문화는 기업의 성패를 좌우합니다. 한미글로벌의 '일하기 좋은 기업' 만들기 운동은 좋은 기업문화 가꾸기라 해도 과언이 아닙니다. 신뢰, 존중, 자부심, 동료애 등 GWP의 철학은 우리 회사 문화의 핵심적인 요소예요.

좋은 기업문화가 뿌리내린 회사는 무엇보다 지속적인 성장을 할 수 있습니다. 짐 콜린스는 《성공하는 기업들의 8가지 습관》에서 "어느 업종이든 선도적인 기업들은 '사교 邪敎 같은 기업문화 cult-like cultures'를 품고 있다"고 썼습니다. 좋은 기업문화를 갖춘 회사의 구성원은 광신도 같은 사람들이라는 거죠. 이렇게 구성원들이 서로 신뢰하고 조직에 대한 충성도가 높으면 선순환 경영이 이뤄져 기업이 성장할 수밖에 없어요. 이른바 지속가능한 성장이 이루어지는 겁니다.

　GWP의 핵심 가치 중 하나가 공정성입니다. 신뢰가 형성되려면 기회가 균등하게 부여되고 평가와 보상이 공정해야 합니다. 성과와 무관한 균등한 보상은 공정한 게 아닙니다. 탁월한 성과를 거둔 사람에게 그에 상응하는 보상을 해주는 게 공정한 거죠. 우리 회사는 임원보다 보수가 높은 부장도 있고, 부장보다 많이 받는 차장이 수두룩합니다. 다만 이런 차등적 보상이 노출되면 조직의 화합이 깨질 수 있습니다. 그래서 우리 회사에서 자기 보수를 노출하는 것은 선진 기업에서 그렇듯이 해고 사유가 됩니다.

　우리 회사는 대부분의 구성원이 경력사원입니다. 건설사업 관리 CM라는 비즈니스를 우리가 처음 국내에 도입한 데다 CM 자체가 시공사, 설계회사, 나아가 발주자까지도 리드해야 하는 일이라 베테랑이 필요하기 때문이죠. 직급을 기준으로 하면 사원이 가장 적고 부장이 가장 많아요. 완전한 역삼각형 구조죠. 저마다 '나'가 아니라 '우리'가 돼야 할 필요가 있는데, 여기서 한 걸음 더 나아가 기업의 사회적 책임을 다하는 '모두'가 되어 보자는 거죠.

　이 과정에서 가장 중요한 것이 커뮤니케이션입니다. 우리 회사는 32개 소통 채널이 있습니다. 각종 원탁회의, 매주 제가 인트라넷과 개인 홈페이지에 올리는 CEO 단상, 직원들이 월요일마다 돌아가며 원고 없이 하는 3분 스피치, 지정된 책을 읽고 올리는 독후감 등을 통한 지식나눔 활동, 매달 넷째 주 토요일에 벌이는 사회봉사를 통한 사랑나눔 활동 같은 것들이죠. 원탁회의는 신입사원부터 시니어 구성원, 임원에 이르기까지 직급별로 다양하게 열리는데, 구조적으로 평등을 지향하죠.

아홉 경영구루에게 묻다

미래전략 수립도 원탁회의를 거칩니다. 이 미래전략 원탁회의는 사원부터 CEO까지 15명의 멤버가 매달 만나 특정 주제를 놓고 자유롭게 의견을 주고받습니다. 조직문화가 수평적이면 낮은 직급의 구성원에게 많은 기회가 돌아갑니다. 그래서 수직적인 조직문화도 필요하지만 수평적인 문화를 잘 가꿔야 합니다. 둘 사이의 밸런스가 중요하죠.

우리 회사는 2년 전 고유한 조직문화에 맞는 업무 방식으로 '한미글로벌 웨이'를 제정했습니다. 업무 성과를 극대화하기 위해 제정했는데 영역별로 네 가지 원칙이 있습니다. 그중 하나가 '우리는 업무혁신과 관련해 실패를 용인하는 문화를 장려한다' 입니다. 구성원들이 주저하지 않고 새로운 업무 방식을 도입하게 하려는 것이죠. '프로젝트적 사고와 커뮤니케이션 절차를 중시한다' 는 원칙도 있습니다. 저는 세계 어느 나라에서나 글로벌 수준으로 일하는 방식을 우리가 마련했다고 생각합니다.

미국의 대표적 글로벌 기업인 제너럴일렉트릭GE은 구성원들에게 "로마에 가면 로마법을 따르지 말고 GE 법을 따르라"고 요구합니다. 어느 나라에 가든 GE 법에 위배되는 비즈니스는 하지 말라는 거죠. 이를테면 후진국에 진출하더라도 뇌물을 주지 말라는 겁니다. 우리도 구성원이 기업의 핵심 가치에 따라 움직이는 회사를 지향합니다. 우리 회사의 다섯 가지 핵심 가치 중 하나가 '정직' 인데 전 직원이 소지하고 월요일마다 복창하는 경영비전 카드에 이렇게 명시돼 있습니다. "우리는 언제나 바르게 생각하고 바르게 행동하며 또한 서로에게 솔직하게 행동한다."

우리 회사엔 여성을 우대하는 문화가 있습니다. 출산 여성에겐 산전후 휴가 기간을 포함해 6개월의 휴가를 의무화하고 있죠. 자녀가 셋 이상이면 별도의 인센티브를 지급합니다. 또 구성원의 가족까지 배려하

김종훈의 일하기 좋은 기업론

는 가족친화 경영을 합니다. 구성원의 출산을 장려하면서 회사가 구성원의 가족들도 돌보는 거죠. 일례로 배우자 건강검진 제도가 있는데, 이 제도 덕에 두 사람의 배우자에게서 초기 암이 발견돼 조기에 치료할 수 있었습니다. 우리 회사가 구성원의 전 자녀에게 학자금을 지원하는 것도 구성원의 가정을 중시하기 때문이죠. 직장인은 집안이 편해야 회사 일에 몰두할 수 있습니다.

학자금 지원은 초기엔 두 자녀에 한해 대학 졸업 때까지 지원했지만 2000년부터 자녀가 몇이든 전 자녀로 확대했어요. 2010년 3월부터는 입양한 자녀에게도 지원을 합니다. 제도상으로는 친생자 열 명에, 스무 명을 입양하더라도 전원 대학을 마칠 때까지 학자금을 전액 지원받을 수 있습니다. 그래도 회사가 부담하는 금액이 늘어나지 않는 건 그만큼 사회적으로 출산 기피가 심각하다는 방증이라고 할 수 있죠.

우리 회사는 경영에서 저의 친인척을 배제하고 경영권 승계 대상에서도 배제했는데 이런 노력도 좋은 기업문화를 가꾸는 데 상당한 도움이 됐습니다. 좋은 기업이 되려면 CEO가 사심이 없어야 합니다. 우리 회사는 파벌도 없습니다. 파벌이 생기면 조직문화가 망가집니다. 회사에 충성하던 구성원이 파벌 보스의 해바라기로 변하기 때문이죠.

좋은 기업은 고객, 협력기업과의 관계도 좋아야 합니다. 우리 회사는 협력기업과 약속한 것은 우리가 불리하더라도 반드시 지킵니다. 단적으로 협력기업에 줘야 할 돈을 잘 줍니다. 건설사의 협력기업은 흔히 캐시플로가 안 좋습니다. 그래서 우리는 선수금이든 기성금이든 받고 나면 협력기업에 현찰로 줍니다. 우리가 돈을 못 받았더라도 줄 때가 되면 지급을 하는 게 우리 회사의 경영방침이죠. 협력기업으로선 수주와 관련한 로비와 향응의 필요성이 없어 거래비용도 발생하지 않습니

아홉 경영구루에게 묻다

다. 그 보답으로 협력기업 쪽에서도 우리가 적어도 10퍼센트의 가격경
쟁력을 확보할 수 있게 해줍니다. 거듭 말하지만 GWP 운동은 성과를
키우기 위해 하는 겁니다. 그런 점에서 구성원 만족 경영은 고기를 잡기
위해 미끼를 던지는 작은 투자라고 할 수 있죠.

봉사활동을 하면 자부심과 동료애가 절로 생긴다

Q 기업이 사회공헌 활동을 하면 뭐가 좋습니까? 경영에도 도움
이 되나요? 영세한 중소기업도 사회공헌을 해야 하나요? 사회공헌 활동
을 시작하려면 어떻게 해야 하고 한미글로벌은 구체적으로 어떤 사회공
헌 활동을 하고 있죠?

A 한미글로벌 구성원들은 몸으로 하는 봉사를 많이 합니다. 매
월 넷째 주 토요일이면 전 구성원이 전국 40여 곳의 사회복지기관 및 시
설에서 봉사활동을 하죠. 특별한 사정이 없는 한 의무적으로 참여하게
돼 있어 봉사활동 참여율이 90퍼센트에 가깝습니다. 주로 하는 일은 장
애인 대상 봉사입니다. 장애인용 복지시설을 업그레이드하는 일도 하
고, 시설을 찾아 장애인들을 돌보죠. 목욕도 시킵니다. 이들 가운데는
거동을 못하는 중증 장애인도 있어요. 이런 일이 바로 우리 전문이죠.
근무지가 서로 다른 회사의 구성원들이 모여서 장애인 시설을 살피고
이들을 돌보다보면 서로 많은 대화를 하게 됩니다. 봉사를 마치고 나면
다같이 몰려가 꼭 식사를 하고 헤어집니다. 이렇게 한솥밥을 먹는 것도
우리 회사의 문화죠.
　이러한 일련의 과정에서 구성원 간에 비공식적인 커뮤니케이션

김종훈의 일하기 좋은 기업론

이 다양하게 이루어집니다. 또 저마다 보람과 자부심을 맛보고, 좋은 일에 동참했다는 데서 동료애를 느끼게 마련이죠. 결국 구성원들이 자연스럽게 서로 단합을 하게 됩니다. 회사 생활은 늘 즐거울 수 없습니다. 그런데 봉사활동은 베푸는 것이라 늘 즐겁고 보람이 있어요. 또 중증 장애인을 돌보면서 우리가 축복받은 사람들이라는 사실을 새삼 깨닫게 되죠. 이렇게 해서 생긴 긍정의 에너지는 조직의 활력이 됩니다.

어떤 사람은 봉사활동 가는 날 꼭 자기 아이를 데려옵니다. 봉사점수를 딸 수 있기 때문이기도 하지만 자녀에게 산교육이 되기 때문이죠. 오래전 제가 삼성건설 현장소장으로 있을 때 직원들과 건설 현장 주변의 노인들을 돌봤습니다. 그때 '나누는 기쁨'을 맛봤죠. 나누는 사회가 선진 사회이고 공정사회입니다. 사실 우리는 모두 예비 장애인입니다. 교통사고 등으로 중도 장애를 당하지 않더라도 나이가 들면 청각장애 등을 겪는 노령화 장애인이 됩니다. 통계엔 잡히지 않는 장애인이죠. 고령사회를 목전에 둔 우리나라로선 정말 심각한 문제입니다.

우리 회사는 또 전 구성원이 매월 본봉의 1퍼센트를 기부합니다. 그러면 회사가 그 두 배에 해당하는 금액을 기부하죠. 더블 매칭 그랜트 방식으로 봉사활동 기금을 조성하는 겁니다. 이렇게 해서 전체 임직원 본봉의 3퍼센트에 해당하는 액수가 사회공헌 활동에 투입됩니다.

2010년엔 '따뜻한 동행'이라는 사회복지법인도 만들었습니다. 우리 구성원들을 대상으로 모금을 했는데 전원 참여에, 당초 목표인 20억 원을 1억 원 초과해 21억 원을 모았습니다. 회사에서는 한 푼도 내지 않았습니다. 그 후에는 일반인 대상 모금도 합니다.

사회공헌 활동은 큰 회사, 잘 나가는 회사의 전유물이 아닙니다. 돈을 잘 벌면 잘 버는 대로 못 벌면 못 버는 대로 형편껏 할 수 있습니다.

아홉 경영구루에게 묻다

외환위기 당시 우리 회사도 존폐의 위기에 몰렸습니다. 그래도 회사 창립 때부터 해온 사회봉사를 한 번도 거르지 않았습니다. 그런데

이런 활동이 회사가 위기를 극복하는 데 상당한 기여를 했어요. 사회공헌 활동도 지속적으로 하는 것이 중요합니다. 결국 회사의 정체성이랄까 철학에 달렸다고 봅니다.

"우리 회사 같은 중소기업이 무슨 사회공헌 활동을 해"라고 관성적으로 생각할 수도 있지만, 구성원에게 미치는 긍정적 영향을 생각한다면 그렇지 않습니다. 우리 회사 경력사원 중에도 처음엔 의무적인 참가 방침에 반발하는 사람이 있었습니다. 그런데 한두 번 참가하고 나면 그런 말이 쏙 들어갑니다. 스스로 체험하는 긍정의 에너지 때문이죠. 사회봉사, 즉 베푸는 행위를 통해 정신적으로 고양되는 것을 느끼는 겁니다. 봉사활동을 하다 보면 또 사람이 겸손해지죠.

사회공헌의 방법론은 다양합니다. 옷 만드는 회사라면 재고를 활용할 수도 있고, 사회공헌용으로 따로 옷을 만들 수도 있습니다. 식품회사도 자사 제품을 제공할 수 있겠죠. 에버랜드 같은 회사는 시각장애인 인도견 사업을 특화해 몇십 년째 하고 있어요. 캐논 안산공장은 청각장애인들이 일하는 별도의 라인이 있습니다. 장애인 고용 창출을 통한 사회공헌이죠. 우리 회사가 장애인 주거 개선을 위한 봉사를 할 때면 조명기구 만드는 회사, 문고리 만드는 회사, 구들장 만드는 회사가 동참합니다. 건축자재를 제공하는 겁니다. 전자제품 메이커라면 20~30달러짜리 휴대전화를 만들어 아프리카에 보내거나 100달러짜리 노트북을

김종훈의 일하기 좋은 기업론

저소득층에 보급할 수도 있겠죠.

사회공헌 활동은 기업 경영에 확실히 도움이 됩니다. 사회공헌 활동은 구성원 간의 소통과 단합을 증진시키고, 무엇보다 회사에 대해 상당한 자부심을 갖게 해줍니다. 그 결과 실적이 좋아지죠. 걸핏하면 "이 회사 언제 때려치우나" 하는 사람과 몸담은 조직에 긍지를 느끼는 사람은 생산성과 성과 면에서 차이가 날 수밖에 없습니다.

다른 측면에서 보면 이제 사회공헌 활동은 기업의 의무입니다. '공헌'은 한미글로벌의 다섯 가지 핵심 가치 중 하나죠. 전 직원이 월요일마다 복창하는 경영비전 카드에는 이렇게 적혀 있습니다. "우리는 훌륭한 기업시민으로서의 역할을 다하며 사회공헌 활동에 적극적으로 참여한다."

사회공헌 활동을 하는 데는 CEO 등 리더의 역할이 중요합니다. CEO가 앞장서고 부사장이나 경영지원본부장 같은 경영진이 주도해 조직문화로 가꿔갈 수 있습니다. 개혁에 주도 세력이 있듯이 이런 문화를 뿌리내릴 주도 세력이 필요하죠. 우리 회사는 제가 창업 전부터 노블레스 오블리주를 실천하겠다고 마음먹었고 차기 CEO인 이순광 사장도 그런 철학을 유지할 겁니다.

이 시대에 기업의 사회공헌은 더 이상 남의 일이 아닙니다. 국제표준화기구ISO가 기업의 사회적 책임에 대한 가이드라인 ISO 26000을 발표한 것을 보더라도 사회공헌은 거스를 수 없는 추세라고 할 수 있죠. 기업도 이제 시민정신을 발휘해야 합니다. 미국 노터데임대학의 올리브 윌리엄스Oliver F. Williams 교수는 "기업은 생산과 이윤 창출을 해야 할 뿐 아니라 다른 사회 구성원과 마찬가지로 시민으로서의 책임을 지닌 존재"라고 규정합니다. 어떤 학자는 "시민정신이야말로 21세기 기업의 경쟁

아홉 경영구루에게 묻다

전략이자 생존전략"이라고 주장합니다.

그러나 기업이 사회에 공헌해야 하는 것은 무엇보다 기업의 힘이 커졌기 때문입니다. 현대사회에서는 국가의 힘보다 기업의 힘이 더 셉니다. 힘이 세졌으면 그 힘에 걸맞은 활동을 해야지요. 기업은 국가와 사회를 기반으로 성장한 만큼 우리 사회를 공정사회로 만들어가는 데 공헌해야 합니다. 사회공헌 활동에 적극적인 빌 게이츠 Bill Gates와 워런 버핏 Warren Buffett 처럼 세상을 바꾸고 아름답게 만드는 데 우리 기업들도 앞장서야 합니다. 두 사람이 전 세계를 누비면서 재산 50퍼센트 기부운동을 벌이고 있듯이 우리나라 5대 그룹 오너 중 어느 한 분이 재산 50퍼센트 기부운동을 벌인다면 우리 사회에 큰 변화를 가져올 수 있지 않겠어요?

노는 것도 투자, 놀 줄 아는 사람이 일도 잘한다

Q 잘 노는 사람이 정말 일도 잘합니까? 가뜩이나 우리나라의 노동 생산성이 낮은데 섣불리 이런 이야기 꺼냈다가 회사가 '놀자판' 되는 건 아닌가요? 보통 휴식과 창조적인 휴식은 어떻게 다르고, 창조적인 휴식을 어떻게 제도화할 수 있나요?

A 저희 세대는 앞만 보고 달려왔습니다. 오랫동안 회사가 생활의 중심이었고 집은 잠깐 다녀오는 곳이었죠. 한마디로 '회사 인간', 일 중독자였습니다. 그런데 7~8년 전 이렇게 긴 시간 일하는 게 능사가 아니라 효율적으로 일하는 게 중요하다는 생각을 하게 됐습니다. 시간을 효율적·창조적으로 쓰면 생산성이 높아져 개인도 성장하고 기업도 성장합니다. 나아가 국민 경제도 성장하지요. 독일 등 유럽의 선진국은 1

김종훈의 일하기 좋은 기업론

인당 국민소득이 우리의 두 배 수준인 4만 달러인데 문화를 즐기고 우리보다 삶의 여유가 있습니다.

우리는 장시간 노동에 시달리지만 노동 생산성이 떨어집니다. 우리나라 서비스 산업의 노동 생산성은 미국, 일본 등 선진국의 50퍼센트 수준밖에 안 됩니다. 그래서 어떻게 하면 일을 생산적으로 더 스마트하게 할 수 있을까 하는 생각을 하게 됐죠. 생산성을 높이려면 일에 대한 몰입도를 높여야 합니다. 한국의 직장인 가운데 전력투구해 일하는 사람은 6퍼센트밖에 안 된다는 기사를 본 일이 있습니다. 단위시간당 성과가 작은 거죠. 반면 선진국은 8시간 동안 집중적으로 치열하게 일합니다. 심지어 업무와 무관하게 5분 이상 자리를 뜨면 해고 사유가 되는 회사도 있습니다.

우리는 또 일과 휴식의 경계가 모호합니다. 장시간 노동을 하다 보니 일에 대한 몰입도가 떨어지는 한편 휴식을 제대로 못 취합니다. 그냥 일에 끌려다니면서 몸으로 때우는 거죠. 사람이 일을 한다기보다 일에 정복당했다고 할까요.

그런데 이 시대는 우리에게 창조적으로 스마트하게 일할 것을 요구합니다. 디자인에 대한 안목과 감성적 접근이 중요한 시대가 된 거예요. 이런 시대엔 무작정 쉴 게 아니라 창조적이고도 계획적인 휴식을 해야 합니다. 무작정 쉬고 나면 오히려 더 피곤할 때가 있지 않습니까? 하지만 계획을 세워 짜임새 있게 휴식을 취하면 쉼을 통해서도 성취감을 맛볼 수 있습니다. 잘 쉬는 사람이 일도 잘하게 마련이죠. 창조적 휴식을 했는데 당연히 성과가 좋아지지 않겠어요? 이런 차원을 떠나 창조적 휴식으로 삶의 질이 높아지는 것도 간과할 수 없습니다. 일과 삶의 밸런스는 이 시대 삶의 질을 재는 중요한 척도입니다.

아홉 경영구루에게 묻다

휴식은 탈산업사회의 중요한 어젠다입니다. 근면성으로 승부하는 시대는 가고 일을 스마트하게 해야 하는 시대가 왔습니다. 회사는 회사대로 구성원의 휴가를 챙기고 건강도 챙겨줘야 하는 시대죠. 그러면 창조적 휴식을 어떻게 제도화할 것인가? 우선 CEO의 마인드가 중요합니다. 직원을 종으로 생각하면 선뜻 쉽게 할 마음이 안 들어요. 그러나 직원을 자신의 파트너이자 동반자로 받아들이면 새로운 지평이 열립니다. 내가 쉬고 싶은 만큼 직원들도 쉬고 싶을 거란 생각을 하게 되죠. 같이 쉰다는 건 서로 나누는 겁니다. 일에 대한 집중은 성과를 높여주지만 일 중독은 성과를 떨어뜨립니다. 일 중독은 또 정신건강에 좋지 않을 뿐더러 육신의 건강도 해치고 가정과 사회에 문제를 일으킵니다. 서양에 '건강은 능력이다' 란 격언이 있습니다.

창조적 휴식이 뿌리를 내리려면 무엇보다 성과관리 시스템을 잘 운용해야 합니다. 업무 목표가 뚜렷하고 평가가 엄정해야죠. 열심히 일하고 성과도 큰 사람은 대접받고, 그렇지 않은 사람은 그보다 못한 대접을 받게 해야 합니다. 또 근무시간을 탄력적으로 운용하는 유연근무제도flexible workplace 등 성과지향적인 제도를 도입해야 합니다. 사무실에 오래 머문다고 성과가 커지는 건 아니거든요.

우리 회사는 두 달 간의 안식휴가제를 도입했습니다. 임원은 5년마다, 직원은 10년마다 두 달 동안 유급휴가를 떠납니다. 평소 하고 싶었지만 여건이 안 돼 못해 본 것들을 계획을 세워 하고 나면 상당한 성취감을 느낍니다. 두 달이면 평소 못했던 해외여행 등 하고 싶은 일 대여섯 가지는 할 수 있습니다. 안식휴가를 다녀오면 휴가 동안의 삶의 궤적을 인트라넷을 통해 다른 구성원들과 공유하게 돼 있습니다.

2009년 여름 안식휴가를 다녀온 한 임원은 서유럽기행, 남해안

김종훈의 일하기 좋은 기업론

민가 체험, 대청봉 산행, 일본 건축여행 등 네 번의 여행을 하고 여행기를 올렸습니다. 휴가기의 내용이 부실하면 제가 보완을 하라고 요구합니다. 이렇게 올라온 것들을 참고해 자신의 휴가 계획을 세우면 확실히 성취감을 맛보게 되죠. 휴식을 한 데다 이런 성취감까지 있으니 업무에 복귀했을 때 창조적이 됩니다. 당연히 능률이 오르고 성과도 좋아지죠. 그래서 우리 구성원들은 꿈같은 제도라고 말합니다. 안식휴가제는 우리 회사만의 독창적인 제도로 자리 잡았습니다.

안식휴가를 정착시키기 위해 2006년 2월 제도를 도입하고 나서 제가 솔선수범해 휴가를 다녀왔습니다. 이 여행에서 일과 쉼을 대립적인 관계로 보던 이분법적 사고를 떨쳐냈죠. 두 달 만에 돌아오니 재무적 성과가 추정했던 것보다 더 좋았습니다. 제가 먼저 다녀왔기에 다른 임직원들이 부담 없이 안식휴가를 떠났죠. 프로젝트와 맞물려 지연되는 경우가 있지만 거의 모든 해당자가 안식휴가를 갑니다. 때가 되면 빨리 가라고 저도 챙기지만 인사팀에서 채근을 합니다.

창조적인 휴식의 방법으로 저는 여행을 권합니다. 여행을 하면 일상에서 벗어나 낯선 세계와 마주치게 되죠. 여행지에서는 일상의 삶에서는 보이지 않던 것들이 보입니다. 이런 과정에서 일상에 매몰되어 있을 땐 미처 몰랐던 진정한 나를 발견하고 많은 것을 배울 수 있어요. 그래서 자연스레 안목과 식견이 높아집니다. 단적으로 디자인에 대한 안목이 높아집니다. 디자인 경영에 대해서도 눈을 뜨게 되죠. 여행은 우리 삶을 풍요롭게 만듭니다. 2008년 봄 '세계를 품어보라'는 뜻에서 안식휴가를 떠나는 젊은 세대에게 세계 여행할 기회를 주려고 했습니다. 회사가 세계일주 티켓을 제공하고 나머지 경비는 본인이 부담하는 안까지 만들었죠. 글로벌 금융위기를 맞는 바람에 보류했습니다만 언젠가

아홉 경영구루에게 묻다

다시 추진하려고 합니다. 젊은 구성원들이 세계를 누비면서 견문을 넓히면 글로벌 경영에도 도움이 될 겁니다.

사람의 진면목을 알려면 노름을 같이 해보고 함께 여행을 떠나라는 말이 있습니다. 좋은 사람과 여행을 떠나면 부수적으로 삶의 지혜를 얻을 수 있죠. 여행을 하면서 낯선 곳에서 낯선 것들과 부딪치다 보면 새로운 아이디어가 떠올라요. 그러면 메모를 해 뒀다가 나중에 검토를 하고 어떤 것은 제도화하기도 합니다. 경영권 승계 프로그램, 입양자녀 학자금 지원, 배우자 검진 프로그램 등이 모두 여행을 통해 얻은 아이디어들입니다.

우리나라 기업의 CEO들은 일은 열심히 하는데 대부분 노는 데 서툽니다. 여가학이라는 분야를 개척한 김정운 교수는 우리나라가 선진국이 되려면 '잘 놀 줄 알아야 한다'고 말합니다. 창조경영이 요즘 경영 화두로 떠오르는데, 일만 하는 CEO는 창조경영의 비전과 지평을 제시하기 어렵습니다.

기업의 핵심가치 유지하려면 준비된 CEO를 키워라

Q 경영권 승계 프로그램과 일하기 좋은 기업이 무슨 관계가 있나요? 이런 프로그램을 만들면 뭐가 좋습니까? 승계 과정에서 부작용이 만만치 않을 텐데 어떻게 만드나요? 중소기업도 이런 프로그램이 필요한가요?

A 우선 최고경영자CEO 후계자는 사내에서 발탁하는 게 바람직합니다. 외부 영입 가능성을 배제하지 않아야겠지만 사내에서 선발해야 구성원이 CEO가 될 수 있죠. 구성원이 CEO가 되는 것이야말로 구성원 만족의 정점이고, 구성원 중심 경영의 진수라고 봅니다. 구성원이 주인인 회사라면 경영권 역시 구성원이 물려받아야 하겠죠. 그런 회사가 '일하기 좋은 기업GWP' 임은 두말할 나위가 없습니다. 자격과 자질을 갖춘 구성원에게 경영권이란 바통을 잘 넘기면 회사의 핵심가치와 조직문화를 유지하기 쉽습니다. 그에 따라 회사의 지속가능성이 확보되고 좋은 성과도 낼 수 있죠. 반대로 경영권 승계가 잘못되면 회사가 쇠퇴하고 좋은 사람들이 떠나게 됩니다.

2010년 12월 저희 회사가 워크숍을 했는데 주제가 '우리 회사가 망하는 시나리오' 였습니다. 저는 기업 몰락의 가장 큰 변수를 'CEO 리스크' 라고 봅니다. CEO의 잘못된 의사결정과 이를 제어할 장치의 미비, CEO 자리의 잘못된 승계 같은 것이죠. 저는 외환위기 후 다수의 대기업이 붕괴한 것도 CEO 승계 리스크와 무관치 않다고 봅니다.

창업 당시부터 저는 친족 배제의 원칙을 지켰습니다. 친족이 회사에 들어오면 좋은 점도 있지만 상당히 문제가 많을 거라고 봤습니다. 파벌이 생기고 공사 구분이 안 되면서 회사가 사유화될 가능성이 있기 때문이죠. 물론 LG, GS처럼 그런대로 잘 운영되는 기업들도 있어요. 두 달간의 안식휴가를 보내면서 저는 경영권을 자식에게 물려주는 것은 합당치 않다는 결론을 내렸습니다.

그래서 5년에 걸쳐 CEO 승계 프로그램을 마련했습니다. 이 프로그램의 목적은 검증된 인물로 하여금 차기 CEO를 맡게 하는 것이죠. 저희는 이 프로그램을 가동해 차기 CEO를 오랜 기간 다양한 방법으로 검증했습니다. 1차로 30여 명의 잠재 후보군을 선정한 후 다양한 보직을 맡기는 등 자질 평가를 거쳐 이들을 4명으로 압축했습니다. 이 가운데는 사내 외국인도 포함됐어요. 다음으로 이 4명에 속하지 않은 사내 시니어 멤버 5명과 치열한 토론을 거쳐 다시 2명을 탈락시켰습니다. 마지막 단계에서는 사외이사 4명과 외부 전문가 2명으로 CEO 선정위원회를 구성했어요. 이분들에게 2명의 최종후보에 대한 평가자료를 전달했습니다. 사내 핵심 멤버 20명과 사외 자문교수 5명 등 25명의 의견을 취합한 것이었죠. 저는 여기까지만 관여했습니다.

최종후보 두 사람은 CEO 선정위원회를 대상으로 프레젠테이션을 했습니다. CEO가 되면 회사를 어떻게 성장시킬 것인지 설명하고 선정위원들의 질의에 응하도록 했죠. 이렇게 해서 최종적으로 뽑힌 사람이 이순광 당시 부사장입니다. 2009년 초 이 부사장은 최고운영책임자 COO가 됐고 2011년 대표이사 사장에 취임했습니다. CEO 승계 방침을 공개한 지 약 7년 만이었죠. 후계자가 결정되기에 앞서 저는 최종후보자 두 사람에게서 탈락하더라도 회사를 떠나지 않고 CEO가 되면 탈락자를 배제하지 않겠다는 내용의 각서를 받았습니다.

CEO가 차기 CEO를 낙점하면 독단에 빠져 오류를 범할 가능성이 있습니다. 그 사람의 선의를 부인하는 게 아니라 한 사람의 눈으로 보면 그럴 수 있어요. 승계 프로그램을 가동하면서 저는 제가 못 보던 것을 많이 발견했습니다. 우리 구성원들이 참 똑똑하구나, 이 사람들의 평가가 상당히 엄정하구나 하는 생각을 하게 됐습니다.

저는 65세가 되는 2014년 회사 일에서 손을 떼고 사회봉사활동에 전념하려 합니다. 그때까지 회장직을 유지한 채 해외 업무, 기업 인수합병, 신사업 등 전략적 과제를 챙기는 한편 이 사장을 측면에서 지원

김종훈의 일하기 좋은 기업론

하는 역할을 할 겁니다. 이 사장에게는 두 개의 관문이 남아 있습니다. 하나는 CEO 승계에 성과로 부응하는 겁니다. 다른 하나는 서번트 리더십을 포함해 확실한 리더십을 구성원들에게 보여주는 것이죠.

이 관문을 통과하면 한미글로벌의 경영권 승계 프로그램은 완성됩니다. 이제 시스템과 문화로 정착시키는 일만 남았어요. 이 사장이 CEO가 되면 또 승계 프로그램을 마련해야겠죠. 3~5년은 준비해야 한다고 봅니다. 사내에 마땅한 사람이 없으면 외부에서 발탁해 사내 풀에 포함시키면 됩니다. 저는 저희처럼 건설사업관리 하는 회사, 글로벌 경영을 하는 회사는 외국인 CEO도 괜찮다고 봅니다.

CEO 승계 프로그램을 어떻게 만들 것인가. 웬만하면 비용이 들더라도 전공 교수나 컨설팅 회사의 도움을 받으라고 권하고 싶습니다. CEO 본인도 공부를 좀 해야 합니다. 외국 사례를 포함해 사례 조사도 하고요. 승계 과정에서 나타날 수 있는 파벌, 줄서기, 암투에도 대비하고 탈락자를 끌어안는 노력도 기울여야 합니다. 무엇보다 검증 과정에 구성원과 사외이사 등 외부인을 참여시키는 게 중요합니다. 건전한 승계 문화를 확산하기 위해 저는 저희 프로그램을 공개할 용의가 있습니다. 또 개인적으로 물어오면 무료로 코칭해 드릴 생각도 있습니다. 가업 수준의 중소기업도 회사를 더 키울 생각이 있다면 오너가 능력 있는 사람을 발굴해 양성해야 합니다. 철학의 문제이지 기업 크기와는 관계없다고 봅니다.

CEO는 한 20년은 해야 된다고 봅니다. 선진국, 특히 유럽에서는 보통 20년씩 합니다. 잭 웰치 전 GE 회장이 탁월한 경영 성과를 거둔 건 능력도 빼어났지만 20년간 재임했기 때문입니다. 장기 경영은 업종 불문하고 필요합니다. 오너 경영의 가장 큰 장점 중 하나가 바로 이

아홉 경영구루에게 묻다

지속성입니다. 10년 이상 CEO를 하면 업을 보는 눈, 세상을 보는 시각이 달라집니다.

　CEO의 나이를 일률적으로 제한하는 것도 저는 넌센스라고 생각합니다. 치고 올라오는 후배들에 대한 배려랄까 세대교체의 의미도 있겠지만, 전문경영인으로 키우는 데 들어가는 기회비용이 얼마인데요. 이런 발상은 군사문화의 유산인지도 몰라요. 선진국 사람들이 들으면 놀랄 일입니다. CEO는 정신건강을 포함해 본인이 건강하다면 70세, 75세까지 할 수 있습니다. 저희 회사에 70세 된 부사장이 한 분 있습니다. 이분더러 저는 80세까지 일하시라고 합니다.

　기업의 10년 생존율이 20퍼센트 이하입니다. 20년 생존율은 더 낮죠. 50년 생존은 거의 예외적인 경우에 속합니다. 그런데 경영권 승계 프로그램은 생존의 확률을 높여 줍니다. 지속가능 경영은 물론 투명경영, 기업의 글로벌화를 위해서도 필요한 장치죠. 경영과 자본의 분리와도 밀접하게 연관돼 있습니다. 자식처럼 키운 회사인데 승계를 잘못해 5년 안에 망하는 길과 50~100년 가는 길 중 어느 길을 선택하시겠습니까? 기업가들에게 회사는 어떤 의미에서는 자식보다 더 의미가 있는 존재입니다. 자식이 능력도 있고 검증까지 거쳤다면 자식에게 물려줄 수도 있죠. 어떻든 CEO가 욕심을 버려야 합니다. 사욕을 내려놓아야 돼요. "기업을 망하게 하는 건 기업인의 가장 큰 죄악이다." 고 정주영 현대그룹 명예회장의 말입니다.

머리카락이 반백인 김종훈 회장은 대학교수의 인상을 풍깁니다. 그에게 가지 않은 길은 학자의 길입니다. 하지만 몇몇 대학에서 겸임교수를 지냈고 지금도 서울사이버대 석좌교수로 있습니다. 대학 강단에 설 때마다 그가 빠뜨리지 않고 하는 이야기가 있습니다. "인생에서 중요한 것은 깡이다. 절체절명의 상황이 닥치더라도 밀리지 말라." 그는 이순신 장군이 명량해전에서 사즉생의 각오로 왜군에 맞서 13척의 배로 해상권을 회복한 사건을 예로 듭니다.

그는 초중고 시절 시쳇말로 문제아였습니다. 혜화초등학교 시절엔 여자아이들 줄넘기 고무줄을 끊어놓기 일쑤였다고 합니다. 이런 그를 보고 담임교사는 통지표 가정통신란에 "손버릇이 나빠 관찰이 요구된다"고 적어 들려보냈습니다. 동성중 1, 2학년 때는 가출을 꿈꿨죠. 2학년 소풍날 담배를 피우다 다른 학교 교사에게 적발되기도 했다고 합니다.

서울사대부고 시절엔 역도반에서 활동하는 한편 '세임 바디 클럽'이라는 폭력서클에 가입했습니다. 고3 종업식 날 그는 서클 친구들과 단체로 사고를 칩니다. 다른 서클 학생들을 집단으로 구타한 것이죠. 이 일로 그는 무기정학 처분을 받습니다. 못된 짓을 많이 하고 다녔지만 반에서 10등 안팎의 성적을 유지하던 그는 이 일로 대학 진학에 실패합니다. 학교에서 입학원서를 써주지 않아 대학 1차 시험을 치를 수 없었기 때문이죠. 오기로 2차 시험도 보지 않은 그는 친구들과 어울려 술 마시고 싸움질하면서 1년을 보냅니다. 좌절감이 컸고 장래는 불투명해 보였죠. 그러나 이듬해 그는 보란듯이 서울대 건축학과에 합격합니다. 그가 "학생 때 주먹 좀 썼다고 해서 절대로 인생의 마이너스가 되는 건 아니다"고 강변하는 배경이죠.

김 회장의 롤모델은 미국의 16대 대통령 에이브러햄 링컨입니다. 링컨은 대통령이 되기 전 여덟 번 선거에 졌고, 두 번 사업에 실패했습니다. 사업을 하면서 진 빚을 갚는 데 무려 17년이 넘게 걸렸고, 약혼자가 갑자기 사망하는 바람에 신경쇠약에 시달리기도 했습니다. 이렇듯 험난한 삶을 살았지만 그는 좌절을 몰랐습니다. 오히려 "나이 마흔이면 자기 얼굴에 책임을 져야 한다"는 말을 남겼죠.

　김 회장의 방에는 테레사 수녀와 오드리 헵번의 엽서 사진이 붙어 있습니다. 의자에 앉은 채로 등만 돌리면 보이는 자리죠. 두 사람의 공통점은 나눔을 실천한 것입니다. 김 회장은 두 사람을 닮고 싶다고 말합니다. 그의 또 다른 롤모델이죠. 65세가 되면 은퇴해 사회봉사 활동에 전념하기로 마음먹은 데는 이들의 영향이 작지 않았을 것으로 보입니다. 그가 이 구상까지 실행에 옮기는 날 우리 사회는 창업을 했지만 경영권을 세습하지 않고 은퇴 후 봉사하는 삶을 산 또 하나의 롤모델을 얻게 되겠죠.

03
성장과 기여는
기업의 두 바퀴
이승한의 착한 기업론

1999년 설립된 할인점 홈플러스는 업계 12위로 출발해 4년 만에 2위로 올라섰습니다. 매출액은 10년 만에 10조 원대에 이르렀습니다. '오마하의 현인'으로 불리는 투자의 귀재 워런 버핏 버크셔 해서웨이 회장은 2011년 5월 "홈플러스는 한국에서 믿을 수 없을 만큼 잘하고 있다"고 평가했습니다.

이승한 홈플러스그룹 회장은 가치점, 감성점, 그린스토어 등 새로운 점포 콘셉트를 잇따라 선보여 홈플러스의 성장을 견인하는 한편 국내 대형마트의 세대 교체를 이끌었죠. 12년 전 회사 창립 기자간담회 때 5년 후 하버드 비즈니스 스쿨에서 홈플러스의 성공 사례를 발표하겠다고 공언한 그는 6년 만에 그 꿈을 이뤘습니다.

1997년 미국 출장길에 뉴욕 존에프케네디 공항에 내린 그는 건너편에 서 있는 대문짝만한 옥외 광고판을 보았습니다. 거기 이렇게 씌어 있었다고 합니다. "저 너머 보이지 않는 곳을 보라(Look beyond the obvious)." 처음엔 그저 콜럼버스가 한 말인가 했다는 그는 이윽고 "보이지 않는 세계를 보려면 먼저 보이는 세상의 끝까지 가야겠구나" 하는 생각을 하게 됐습니다.

홈플러스를 창립하기 전 그는 보이는 세상을 답사하느라 거의 '무한' 발품을 팔았습니다. 세계 유명 할인점, 쇼핑센터, 백화점, 쇼핑 콤플렉스, 전문점을 섭렵했죠. 그가 이동한 거리는 무려 지구의 다섯 바퀴 반이나 되었습니다. 어느 날 그는 외국의 한 작은 유통업체에서 십자형으로 교차하는 무빙워크를 발견했습니다. 그는 홈플러스에 이 무빙워크를 도입했고, 그 후 유통업계에 확산됐죠. "이렇게 거의 세상 끝까지 가보고 나니 개안을 한 듯 눈이 밝아지더라"고 그는 말했습니다. 이런 과정을 거쳐 그는 원스톱 쇼핑과 원스톱 생활 서비스를 결합한 전혀 다른 개념의 점포인 가치점을 론칭합니다.

이 회장은 지금도 끊임없이 보이지 않는 세계를 탐색합니다. 직원들에게도 신입사원 때부터 눈에 보이는 시야 너머의 보이지 않는 곳을 보도록 지속적으로 훈련을 시킵니다. 지금 그의 눈은 세계를 향하고 있습니다. 세계 첨단의 현장과 우리 고유의 것을 견줘보는 그는 요즘 "한국적 기업가 정신이 글로벌 스탠더드가 될 수 있다"고 주장합니다.

한국적 기업가 정신도 글로벌 스탠더드가 될 수 있다

Q 기업가 정신이 무엇이라고 생각합니까? 기업에서 비전과 가치가 왜 중요한가요? 홈플러스의 핵심가치는 뭔가요? 기업이 핵심가치를 소홀히 하면 어떻게 되죠?

A 기업가 정신 entrepreneurship 에 대해서는 다양한 정의가 있습니다. 전통적으로는 비즈니스를 영위하고 조직을 운영하는 과정에서 위험을 감수하고 변화를 기회로 만들어 가는 정신, 특히 재무적 위험을 떠안는 자세를 가리킵니다. 그런데 유독 한국 기업가들은 옛날부터 기업의 사회적 책임을 강조했습니다. 조선시대 거상 임상옥은 빈민 구제와 인재 중시를 몸소 실천했죠. 장사, 즉 비즈니스는 돈을 버는 게 아니라 사람을 버는 것이라고 했어요.

이병철 삼성그룹 창업주가 내세운 경영 이념은 사업보국事業報國과 인재제일입니다. 상당히 흡사하지 않습니까? 정주영 현대그룹 창업주도 기업은 이익이 우선이지만 기업 활동이 국가에 도움이 되는 것인지

이승한의 착한 기업론

착한 기업가 정신이란 위험을 감수하고 끊임없이 도전해 변화를 기회로 만듦으로써 기업을 지속적으로 성장시키는 한편 국가와 인류의 더 나은 미래에 공헌하는 것이다.

항상 생각해야 한다고 말했어요. 이건희 삼성전자 회장도 "삼성은 인재와 기술을 바탕으로 최고의 제품과 서비스를 창출해 인류사회에 공헌해야 한다"고 신경영 선언을 했죠. 이렇게 한국의 기업가들은 유례없이 나라와 사람을 강조했습니다.

이런 모습은 바로 약 3년 전부터 서양을 중심으로 회자되고 있는 이른바 지속가능성 sustainability과 통합니다. 저는 전통적인 기업가 정신에 인재를 양성하고 국가와 인류에 공헌하는 자세를 포함시켜야 한다고 봅니다. 이렇게 진화한 기업가 정신을 저는 '착한 기업가 정신'이라고 부르죠. 착한 기업가 정신이란 '위험을 감수하고 끊임없이 도전해 변화를 기회로 만듦으로써 기업을 지속적으로 성장시키는 한편 국가와 인류의 더 나은 미래에 공헌하는 것' 입니다.

저는 이런 착한 기업가 정신이 글로벌 스탠더드가 될 수 있다고 봅니다. 한국 경제는 세계 10위권이고, 우리 기업이 만드는 세계 1위 제품이 135개나 됩니다. 기업가 정신뿐 아니라 한국이 원산지인 비즈니스 모델, 경영 이론, 경영 철학도 글로벌 스탠더드가 될 수 있습니다.

영국 테스코사와 합작법인 삼성테스코(홈플러스 운영사)를 설립한 후 2000년경 테스코 각국 현지법인 최고경영자들과 콘퍼런스를 했을 때의 일입니다. 제가 회사의 브랜드 가치를 높이려면 브랜드의 시장 가치와 더불어, 사회공헌 활동을 통해 브랜드의 사회적 가치를 끌어올려야 한다고 말했습니다. 그 자리에서 문화센터 운영 등 홈플러스가 벌일 지역사회 공헌 활동과 환경운동, 환경운동을 펼칠 환경 캐릭터(e파란) 이

아홉 경영구루에게 묻다

야기도 꺼냈죠. 그런데 당시엔 아무도 관심을 기울이지 않았습니다. "비즈니스나 신경 쓰지 엉뚱하게 무슨 환경운동이냐" "캐릭터라니 우리가 무슨 디즈니랜드냐"라는 소리도 들었죠. 그로부터 4~5년 후 현지법인의 경영성과를 평가하는 항목에 사회공헌 활동이 포함됐습니다. 각국에서 테스코 점포를 오픈하는데 지역사회를 위해 공헌하는 게 무엇이냐는 비판이 무성했기 때문입니다.

착한 기업가 정신으로 경영하는 기업이 바로 착한 기업입니다. 착한 기업은 비전과 가치관이 남달라야 합니다. 비전이 중요한 까닭은 바로 기업의 운명을 결정하기 때문이죠. '현대 경영학의 아버지'로 불리는 피터 드러커는 비전이란 조직이 희구하는 미래를 보여주는 그림이라고 말했습니다. 《성공하는 기업들의 8가지 습관》의 저자 짐 콜린스는 크고, 스릴 있고hairy, 대담한 목표가 곧 비전이라고 주장했죠.

12년 전 홈플러스가 창립될 당시 국내에는 이미 11개의 대형마트가 있었습니다. 선발업체 간의 경쟁이 치열한 이른바 레드오션이었죠. 그때 저는 정량적인 목표로 한국 시장 1위, 정성적인 목표로는 경영의 질 세계 1위를 달성하겠다고 선언했습니다. 그리고 구성원들과 부단히 그 목표를 달성하기 위한 방법을 찾고 전략을 짰습니다. 그렇게 해서 원스톱 쇼핑과 원스톱 생활 서비스를 결합한 가치점이 탄생했습니다. 매출액이 가장 많은 1층에 문화센터, 어린이놀이터, 푸드코트, 민원센터 등 온통 돈 안 되는 생활 편의시설이 자리 잡은 새로운 개념의 대형마트였죠.

당시 유통전문가들은 비웃었지만, "기존의 대형마트는 이것저것 물건은 많은데 쉴 만한 공간이 없어 외발 자전거를 타는 기분"이라는 어느 고객의 소리를 수용한 결정이었습니다. 가치점 1호인 안산점은 대박

이승한의 착한 기업론

이 났고, 고객 가치를 중시한 가치점은 업계의 표준이 됐습니다. 만일 창립 당시 5년 후 8위쯤 하겠다고 목표를 세웠다면 지금의 홈플러스가 될 수 없었을 겁니다. 이런 대담한 비전을 설정하려면 CEO가 통찰력이 있어야 합니다. 그런 통찰력의 바탕은 바로 경험과 지식이죠. 경험과 지식의 탄탄한 기초 없이 세운 비전은 공허할 뿐입니다. 가치점은 다시 3세대인 감성점, 4세대인 그린 스토어로 진화했습니다.

경영은 집을 짓는 과정에 비유할 수 있습니다. 이 집을 제가 비전 하우스라고 명명했는데 비전은 이 집의 지붕에 해당합니다. 홈플러스의 비전은 세계 최고의 유통회사이자 2012년 국내 1위의 대형마트가 되는 것입니다. 그런데 비전이라는 지붕을 얹기 전에 먼저 지반을 다져야 합니다. 이때 파일을 박는데 이것이 바로 기업의 핵심 가치입니다. 홈플러스엔 고객, 직원, 협력회사, 지역사회, 국가, 주주 등 여섯 가지의 핵심 가치가 있습니다. 경영진이 의사 결정을 하거나 경영 활동을 할 때 반드시 따라야 할 가치죠. 이렇게 가치를 중시하는 것이 바로 가치 중심의 경영입니다.

에비앙 생수로 유명한 프랑스의 다농그룹은 본래 비스킷 제조판매 회사였습니다. 경영권을 물려받은 이 회사의 2세 경영자가 회사의 핵심 가치를 "식품을 통해 인류의 건강에 기여한다"로 정했습니다. 그러자 '우리가 만드는 비스킷이 과연 고객의 건강에 좋은 것인가' 하는 의문이 생겼습니다. 결국 핵심인 비스킷 사업 부문을 매각하고 유제품 사업을 재편하게 됩니다. 그 후 다농은 요구르트 등 유제품과 에비앙 생수 사업에 주력해 이 분야 1위 기업에 올랐습니다.

일본의 도요타자동차는 30년 전 리콜을 실시한 세계 최고의 혁신 기업이었습니다. 당시 도요타의 핵심 가치는 고객의 안전이었죠. 그

아홉 경영구루에게 묻다

후 도입한 독자적인 적시 생산 시스템 JIT: just in time은 많은 찬사를 들었습니다. 그러자 도요타의 경영진은 혁신을 통해 비용을 절감하는 것이 최고의 가치라고 착각을 하게 됐습니다. 도덕적 해이에 빠져 리콜에 대해서도 무감각해졌죠. 한마디로 안전이라는 핵심 가치를 등한시하게 된 겁니다. 비용 절감으로 이익을 안겨준 JIT가 결국 리콜 사태를 부른 셈이죠. 기업이 고유한 핵심 가치를 외면하면 몰락의 길을 걷게 마련입니다.

동양 신바람 문화와 서양 합리주의가 공존해야 한다

Q 기업문화가 왜 중요합니까? 홈플러스의 고유한 기업문화는 뭔가요? 다른 회사의 좋은 기업문화는 업종 관계없이 도입해도 되나요? 홈에버 인수 후 PMI(인수 후 통합) 작업은 어떻게 했나요?

A 기업문화란 기업의 구성원이 공유하는 가치관과 행동양식입니다. 기업문화는 기업으로서는 최후의 경쟁력이라고 할 수 있죠. 홈플러스의 기업문화는 신바레이션 synbaration으로 압축할 수 있습니다. 한국, 즉 동양의 신바람 문화와 서양의 합리주의 rationalism를 접목한 것이죠. 두 문화권의 강점이랄까 빼어난 가치를 화학적으로 결합해본 겁니다. 비유하면 홈플러스의 임직원들은 젓가락도 사용하지만 포크도 씁니다. 포크로 찍은 음식은 다시 내려놓기 어렵지만 젓가락으로 집은 음식은 얼마든지 내려놓을 수 있습니다. 그런 점에서 포크는 원칙적 사고를, 젓가락은 유연한 사고를 표상한다고 할 수 있죠.

기업엔 이 두 가지가 공존해야 합니다. 신바람만 강조했다가는 자칫 회사가 망할 수도 있고, 팀워크를 경시한 합리성으로는 성과를 극

이승한의 착한 기업론

대화할 수 없습니다. 신바람을 일으키기 위해 우리는 이미 10년 전 유통업계 최초로 주5일 근무제를 실시했고, 유통업계 최고 수준의 급여와 복리후생을 제공하고 있습니다. 신바레이션은 제가 만든 조어인데 2003년 국어사전에 등재됐어요. 신바레이션은 다른 기업, 다른 업종에도 당연히 적용할 수 있습니다.

홈에버 인수 당시 저는 인수팀에 PMI의 성공은 우리의 겸손한 자세에 달렸다고 말했습니다. 성공의 가장 큰 요인이 바로 이 겸손이었습니다. 피인수 기업 사람들의 마음을 얻어야 그들이 움직이고 시스템도 바꿀 수 있습니다. 점령군처럼 굴지 않고 한 가족으로 대하자 차츰 마음의 문을 열더군요. 또 홈플러스와 홈에버의 기업문화를 화학적으로 결합하기 위해 기업문화팀을 만들었습니다.

홈에버 노조의 요구 중 큰 틀에서 수용할 것은 수용하고, 원칙에 해당하는 것은 양보하지 않았습니다. 우리가 원칙을 무너뜨리면 다른 기업에까지 영향을 미치게 마련이죠. 이런 지침 말고 구체적인 협상 자체에 대해서는 인수팀장에게 전권을 위임했는데 그래서 협상 진행이 빨랐습니다. 처음엔 왜 회장이 협상 테이블에 안 나오느냐고 항의하던 노조도 인수팀장이 전결하는 것을 보고 그런 요구를 철회했죠. 이렇게 해서 대한민국에서 가장 강성이고 장기파업 중이던 노조와 42일 만에 협상을 타결했습니다. 그 후 3년이 다돼 가지만 노사분규 한 건 없습니다.

홈에버를 인수할 때 거기 여성 인력의 평균 연령이 홈플러스 쪽보다 열한 살 많은 42세였습니다. 그런데 이 사람들이 부서를 옮기면 큰일 나는 줄 알더라고요. 심지어 해고되는 것 아닌가 걱정을 했습니다. 교육도 제대로 받은 일이 없고 교육을 하려고 해도 배우려들지 않았죠. 그래서 '우생순 프로젝트'를 기획했습니다. 대한민국 국가대표 여자핸

아홉 경영구루에게 묻다

드볼 팀의 실화를 바탕으로 한 영화 〈우리 생애 최고의 순간〉(우생순)엔 노장 선수들이 나옵니다. 주인공은 올림픽 2연패의 주역이었는데 소속 팀이 해체된 후 대형마트에서 일하다 대표팀에 합류하죠. 이 영화는 경기에 필요한 건 투혼일 뿐 나이는 문제가 안 된다는 것을 보여줍니다. 우리는 감성적인 터치로 주부 사원들에게 이 영화를 보여주고 컴퓨터 조작 등 전문지식을 쌓게 했습니다. 이 프로젝트 덕에 이 사람들이 자신감을 얻었어요. 한 주부 사원은 도성환 당시 홈플러스테스코(옛 홈에버 운영사) 대표에게 보낸 편지에 이렇게 썼습니다. "이번 교육 덕에 제 일을 사랑하게 됐고 제가 먼저 변해야 새로운 것들을 받아들일 수 있다는 소중한 깨우침을 얻었습니다."

직원들을 대상으로 실시한 만족도 조사 결과를 보면, 홈에버 인수 직후인 2008년 하반기 기존 홈플러스 매장 직원과 홈에버 매장 직원 간에 점수 차가 31점이나 났습니다. 그런데 지난 상반기 그 격차가 6점으로 줄어들었어요. 옛 홈에버 매장 직원 만족도는 3년 만에 48점에서 76점으로 뛰었죠(100점 만점). 이쯤 되면 완벽하지는 않지만 두 집단 간에 문화적·화학적 결합이 거의 이루어졌다고 자평할 수 있겠죠.

2009년 세계적인 인사 컨설팅 업체인 에이온휴잇이 홈플러스를 포함한 20개 사를 아시아 최고의 직장으로 선정했습니다. 당시 에이온휴잇 측은 전체 평가 대상 기업 가운데 홈플러스의 직원 몰입도가 가장 높다고 밝혔습니다. 최고의 직장으로 뽑힌 회사 직원들의 몰입도 평균 점수가 75

이승한의 착한 기업론

점이었는데 홈플러스는 80점이었죠. 저는 이 같은 결과에 대해 우리 직원들의 회사에 대한 충성도가 높기 때문이라고 해석합니다.

구성원들에게 저는 "우리 회사에 '세계 최고의 유통회사'라는 비전이 있듯이 각자에게도 나름의 비전이 있어야 한다"고 말합니다. 그 비전을 실현할 수 있는 환경을 만드는 것은 오롯이 회사의 몫이죠.

코이라는 물고기가 있습니다. 코이는 생태계의 조건에 따라 다 자랐을 때의 크기가 다릅니다. 어항에서 키우면 다 자라도 작지만 연못에서 자라면 더 크고, 강에서 자라면 엄청나게 크게 자라죠. 저는 구성원들에게 "여러분이 비전을 실현할 수 있도록 어항 같은 회사가 아니라 강이나 바다 같은 회사를 만들겠다"고 했습니다. 홈플러스에서 1년 근무하면 다른 회사에 2~3년 근무한 만큼의 브랜드 가치와 지식을 쌓을 수 있는 환경을 가꾸겠다고 약속했습니다. 그 약속의 산물이 인천 무의도에 자리 잡은 테스코 · 홈플러스 아카데미입니다. 지난 7월 문을 열었는데 글로벌 기업이 세계 최초로 해외에 만든 교육기관이죠.

저는 회사 창립 이래 신임 점장들에게 의자와 구두를 선물하고 있습니다. 구두는 고객을 위해 현장에서 열심히 뛰라는 뜻으로 줍니다. 의자는 기업가 정신, 점포에 대한 오너십, 지역사회에 대한 책임의식을 갖고 일하라는 의미를 담아 등받이 뒤쪽 상단에 점장의 이름을 새겨서 줍니다. 백악관 각료회의실에서 의자마다 장관 이름이 새겨져 있는 것을 보고 아이디어를 얻었죠. 미국 장관들은 퇴임할 때 이 의자를 집으로 가져간다고 합니다. 점포 개점 행사 때면 제가 인사말을 하면서 이 이야기를 들려주고 나서 "우리 점장은 미국의 장관급"이라고 한마디합니다. 그러고는 점장을 단 한가운데 앉히고 국회의원, 시장, 지역의 유지들을 그 뒤에 둘러서게 하여 기념촬영을 하죠. 점장으로 하여금 긍지를 갖게

아홉 경영구루에게 묻다

하려는 겁니다.

　어쩌다 지역의 자치단체장이 부탁을 하느라 저에게 전화를 걸어올 때가 있습니다. 그러면 저는 "해당 점장한테 직접 얘기하시면 된다"고 말하죠. 초강대국인 미국의 장관급인데 그 정도 상대는 되지 않겠어요? 이렇게 점장의 권위와 위신을 세워주려는 것이죠. 그래야 점장이 지역사회에서 리더 역할을 할 수 있습니다. 권한 위임의 의미도 있고요.

차별화, 혁신, 창조 없으면 기업은 도태된다

　Q 홈플러스의 경영전략은 무엇인가요? 그런 전략의 성과로 무엇을 꼽을 수 있나요? 혁신 같은 전략은 모든 업종의 모든 기업에 필요합니까? 전략적인 마인드도 학습될 수 있나요?

　A 홈플러스의 경영전략은 삼사론三死論으로 압축할 수 있습니다. 삼사는 말 그대로 세 번 죽는다는 말인데 차별화diffrentiate or die, 혁신innovate or die, 창조create or die 이 세 가지를 하지 않으면 기업은 도태될 수밖에 없다는 뜻입니다. 이것은 기업이 생존하고 나아가 성장을 가속하는 데 유용한 전략이죠. 전략은 비전 하우스에서 기둥에 해당합니다.

　차별화는 시장 경쟁에서 이기기 위한 전략으로 가격, 품질 등의 차별화가 좋은 예입니다. 가격 차별화를 하려면 가격 경쟁력을 높여야 하는데 이때 경쟁력을 만들어내는 것이 바로 혁신이죠. 홈플러스는 2003년 주요 생필품 1000개를 대상으로 동시에 항구적으로 이윤의 10퍼센트에 해당하는 만큼 값을 내렸습니다. 일종의 가격 차별화인데 우리는 가격 투자라는 용어를 쓰죠.

이승한의 착한 기업론

이것을 가능하게 하기 위한 혁신으로 국내 최초로 1차 식품의 산지 직거래를 시도했습니다. 이 같은 가격 차별화로 단기간에 홈플러스의 브랜드 가치를 끌어올릴 수 있었죠.

할인점 업계 최초로 도입한 PB private brand 상품, 즉 자체 브랜드로 조달하는 상품은 제품 차별화에 해당합니다. PB 매출은 현재 홈플러스 전체 매출액의 28퍼센트를 차지합니다. 차별화된 제품이 그만큼 많다는 방증이죠. 홈플러스 스쿨 운영 같은 사회공헌 활동은 소프트의 차별화라고 할 수 있습니다. 사회공헌 활동도 이렇게 차별화할 수 있어요. 그래서 저는 사회공헌 활동도 연구개발이 필요하다고 말합니다.

홈플러스 점포의 후방은 굴절버스처럼 중간이 꺾이는 20톤짜리 트레일러가 드나들 수 있도록 경쟁사보다 넓게 설계돼 있습니다. 이 트레일러는 경쟁사의 주력 차량인 5톤 트럭보다 네 배 이상 운송 효율이 높아요. 운행 횟수를 그만큼 줄일 수 있어 기름값이 절감되고 탄소 배출량도 줄어들죠. 이것은 점포 차별화를 위한 혁신입니다. 이런 혁신은 과학의 산물이죠. 그래서 저는 점포를 과학의 상자라고 부릅니다.

홈플러스의 모든 점포엔 시계탑이 있습니다. 영국 국회의사당의 탑시계 빅벤이 국민의 소리를 대변한다면 홈플러스의 시계는 고객의 소리를 상징합니다. 홈플러스의 시계탑엔 고객의회가 되겠다는 우리의 의지가 담겨 있죠. 이 시계탑은 세계 최초로 시도된 점포 이미지 store identity 입니다. 이 역시 점포 차별화 전략이라고 할 수 있겠죠.

유통은 아티언스 artience, art+science 입니다. 예술처럼 고객의 감성에 호소해야 하는 동시에, 제조업과 마찬가지로 과학이 바탕이 되지 않으면 경쟁력을 확보할 수 없는 산업이죠.

경쟁력을 끌어올리는 혁신을 하려면 효율을 높이기 위한 기술

아홉 경영구루에게 묻다

이 필요하지만 때로는 인력의 재배치도 필요합니다. 가령 20퍼센트에 해당하는 혁신적인 프로세스에 인력의 80퍼센트를 투입해 이

20퍼센트로 하여금 80퍼센트의 가치를 생산하도록 할 수도 있어요. 혁신을 할 때는 이런 여러 가지 혁신이 조화롭게 조직에 스며들도록 하는 게 중요합니다.

혁신의 빛나는 사례로는 미국 식품회사 캠벨이 만든 농축 수프를 들 수 있습니다. 본래 캠벨이 선보인 수프는 운반비가 많이 들어 값이 비쌌습니다. 고객이 외면하자 이 회사는 맛은 똑같지만 수분을 절반으로 줄인 농축 수프를 개발했습니다. 물을 부어 조리할 수 있도록 제품을 혁신적으로 바꾼 것이죠. 원가와 운반비를 줄인 덕에 캠벨은 수프 가격을 70퍼센트나 내릴 수 있었습니다. 그러자 이 수프를 찾는 사람들이 폭발적으로 늘어났고 마침내 수프의 시대가 열렸죠.

여기서 차별화와 혁신의 관계를 살펴볼 수 있습니다. 가격을 낮추는 마케팅 전략이 가격 차별화라면 이것이 가능하도록 제품을 농축하는 프로세스를 개발해내는 것이 혁신이죠. 바꿔 말하면 혁신을 한 결과 비용이 절감됨으로써 가격 차별화를 실현하게 된 겁니다. 혁신을 통해 제품의 질을 끌어올리면 품질 차별화가 이루어지는 거고요.

혁신을 하지 않는 기업은 시장에서 오래 버티기 힘듭니다. 혁신을 하고 나면 고객의 니즈가 달라집니다. 고객의 라이프스타일이 변하기 때문이죠. 그래서 새로운 니즈에 맞는 혁신을 또 다시 시도해야 합니다. 인류가 존속하는 한 혁신은 지속적으로 일어나게 돼 있습니다.

이승한의 착한 기업론

혁신은 이렇게 일상적으로 일어나지만 시장에서 변화가 생기기 전에 선제적으로 시도하는 것이 바람직합니다. 그래서 CEO에게 미래를 내다보는 통찰력이 요구되는 겁니다. CEO는 고객의 라이프 스타일과 니즈, 나아가 시장 패러다임의 변화를 미리 읽어내야 합니다. 통찰력은 CEO에게 요구되는 주요한 자질이죠. 더욱이 유통업은 반응산업입니다. 고객의 니즈에 얼마나 빨리 반응하느냐가 성장의 관건인 업이라고 할 수 있죠.

혁신은 전사적으로 하는 것도 있지만 단위조직 차원에서 시도하는 것도 있습니다. 어느 것이든 구성원들 간의 합의를 바탕으로 추진해야 합니다. 그래야 같은 방향으로 나아갈 수 있죠. 혁신을 힘있게 추동하려면 전담 조직이 필요합니다.

지금의 시장은 불확실성이 현저하게 커서 어느 방향으로 나아갈지 예측하기가 굉장히 힘듭니다. 그래서 시장의 판도를 바꾸려면 과거에는 없던 새로운 것을 만들어내야 합니다. 바로 창조 전략이죠. 대표적인 것으로 스티브 잡스 Steve Jobs가 선보인 애플의 아이폰을 꼽을 수 있겠죠. 아이폰 덕에 애플은 단기간에 구글을 뛰어넘었습니다.

홈플러스가 시도한 창조의 예로는 쇼핑과 생활 서비스를 원스톱으로 제공하는 가치점을 들 수 있어요. 우리가 가치점을 만들어낼 때까지 이런 개념의 점포는 세계 어느 나라에도 존재하지 않았습니다. 창조의 마인드는 학습될 수 있습니다. 바꾸는 습관, 채택이 되든 안 되든 한 번 바꿔 보는 습관을 들이면 더 창조적인 사람이 될 수 있어요.

저는 눈에 띄는 것들을 바꿔보는 게 몸에 뱄습니다. 일례로 회사 앞 테헤란로 주변 건물 가운데 머릿속으로 제가 리모델링해 본 것이 많습니다. 바꿔보는 게 습관이 되면 아이디어가 샘솟습니다. 경쟁사 점포

아홉 경영구루에게 묻다

에 들어서면 제 눈에는 바꿔야 할 것들 수십 가지가 한꺼번에 들어옵니다. 그래서 저는 평소 신년사 등을 통해 구성원들에게 바꾸는 습관의 중요성을 강조합니다. 습관은 행동을 바꾸고 바뀐 행동은 다시 습관을 만들어내죠. 결국 습관이 운명을 만듭니다.

기업도 자만하면 사람처럼 성인병 걸린다

Q 홈플러스의 핵심 역량이 무엇입니까? 역량 전략은 어떻게 짜죠? 역량 발휘를 저해하는 요소는 뭔가요? 조직이 역량을 발휘하려면 리더는 어떤 역할을 해야 하나요?

A 기업은 필요로 하는 역량을 골고루 갖춰야 합니다. 역량이야말로 경쟁력의 원천이죠. 홈플러스 같은 유통기업은 고객의 생각을 읽고 구매 행태를 정확히 알아내는 고객 분석력, 고객에게 팔 물건을 제대로 선별하는 상품력, 고객이 원하는 물건을 적기에 공급하는 한편 재고를 최소화하는 공급망 관리Supply chain management 능력, 시스템 능력, 문화 역량 등을 확보해야 합니다.

고객 분석력을 예로 들어 보죠. 고객은 소득, 거주 지역의 속성 등에 따라 세분할 수 있습니다. 이런 특성에 따라 선호하는 상품군이 달라지죠. 과학적인 분석을 토대로 특정 고객이 가격에 민감한지 또는 품질에 민감한지도 알아낼 수 있습니다. 단적으로 홈플러스의 전 점포가 동종 상품을 취급하지만 지역에 따라 취급하는 상품군이 다릅니다. 심지어 문화센터의 교육 프로그램까지 달라요. 고객을 제대로 알기 위해 우리는 연간 240여 건의 조사를 실시하고 6만여 회에 걸쳐 고객의 의견

이승한의 착한 기업론

을 수렴합니다.

어느 지역에 점포를 낼 땐 해당 지역의 잠재적 고객이 어떻게 구성돼 있는지 분석하고 그에 따라 상품군 구조를 어떻게 짤지 결정합니다. 아주 중요한 마케팅 전략이죠. 이 전략을 잘 짜면 매출이 늘어나고 점포의 경쟁력이 강화됩니다. 고객의 관점에서 보면 고객 삶의 질을 높이는 데 기여하는 것이죠. 기업 입장에서는 고객에게 더 많은 가치를 제공하는 셈이고요.

사람에 대해 그릇이 크네 작네 하듯 기업도 그릇 사이즈가 큰 회사가 있고 작은 회사가 있습니다. 여기서 그릇이 바로 해당 기업의 역량에 해당합니다. 역량 전략이란 이 그릇을 제대로 만들고 키우는 것을 말합니다. 그릇의 크기는 기업의 비전, 재질은 기업문화, 속성은 기업의 정체성과 대응합니다.

공급망 관리 능력을 개선한 사례로는 선행 물류를 꼽을 수 있습니다. 홈플러스 트레일러를 투입해 납품을 대행하게 했더니 협력업체 측의 납품 물류비가 절감됐습니다. 이 트레일러의 견인차량 지붕을 공기 저항을 적게 받도록 경사지게 만들고, 표면에 상어 비늘에 달린 작은 돌기(리블릿) 같은 것이 생기도록 도색을 했더니 연비가 16퍼센트 향상됐습니다. 리블릿 코팅이라고 하는데 공급망 관리 혁신의 좋은 예죠. 리블릿 원리는 미국 항공우주국 NASA이 처음 발견했는데 홈플러스가 세계 최초로 운송수단에 적용했습니다.

정체성도 역량의 하부 요소라고 했는데 홈플러스의 정체성은 전국적으로 동일한 가격에 물건을 파는 겁니다. 이 단일 가격 정책은 경쟁사들과 확실히 차별화됩니다. 우리 점포가 있는 지역에 경쟁사 점포가 있든 없든 우리는 전국적으로 같은 가격에 물건을 팝니다. 하지만 경쟁사들은 그렇게 하지 않습니다. 일례로 한 경쟁사가 타바스코 소스를 나 홀로 경쟁하는 지역에서 3.6배에 판 일이 있습니다. 우리도 이익을 더 내려면 이렇게 우리 점포만 있는 독보적인 지역에서 슬그머니 가격을 올리면 됩니다. 그런데 우리는 그렇게 하지 않습니다. 착한 기업이라는 우리의 정체성에 어긋나기 때문이죠.

물건을 낮은 가격에 사들여 고객에게 저렴하게 공급하는 것이야말로 유통회사의 핵심 역량이죠. 이런 역량을 발휘하면 기업은 성장하게 돼 있습니다. 뭐니뭐니해도 가장 중요한 역량 자원은 구성원, 즉 사람입니다. 그리고 구성원의 역량을 강화하는 비결은 몰입이죠. 몰입을 하려면 우선 자유로워야 합니다. 또 성취감을 맛봐야죠. 여기서 최고경영자 등 경영진의 역량이 발휘돼야 합니다. 구성원들로 하여금 자신이 하는 일에 몰입하고 그 일에서 성취감을 맛보게 하는 것은 전적으로 경영진의 역할입니다. 구성원의 역량을 획기적으로 강화하기 위한 인프라가 바로 '테스코 · 홈플러스 아카데미' 입니다.

브랜드와 기업 이미지도 기업의 역량입니다. 이들 역량을 강화하는 길은 고객에게 사랑받는 브랜드, 사회에서 존경받는 기업이 되는 것이죠. 우리가 가격, 품질, 서비스 등의 고객 가치를 지속적으로 높이고, e파란재단을 설립해 환경사랑, 나눔사랑, 지역사랑, 가족사랑 등 '4랑 운동' 을 벌이는 것도 사랑받는 브랜드, 존경받는 기업이 되기 위해서입니다.

역량을 저해하는 요소는 자만심입니다. 홈플러스가 바닥에서 시

이승한의 착한 기업론

작할 땐 나름의 헝그리정신이 있었습니다. 그래서 겸손했고 꽤 성장할 때까지 초심을 잃지 않았죠. 그런데 회사가 부쩍 커지자 자만심이 머리를 들었습니다. 기업도 사람처럼 비만, 혈액순환 장애, 신경마비 등 성인병에 걸릴 수 있습니다. 회사 조직도 자만하면 배우려 들지 않고 앉아만 있게 돼 비만 증상이 생깁니다. 프로세스가 복잡해지고 회의는 늘어나고 각종 서류의 쓰나미에 휩쓸려 허우적대게 마련이죠. 그래서 적절한 시기에 다이어트 경영을 해 조직의 성인병, 즉 대기업병을 예방해야 합니다. 예를 들면 서류와 회의를 50퍼센트씩 줄이는 방안이 있습니다.

부문 이기주의, 의사소통 장애, 조직 자폐증 등은 혈액순환 장애에 해당합니다. 조직 내 소통은 안 되고 위기의식이 실종된 채 경영의 스피드가 떨어지는데도 고객을 외면하는 건 신경마비 증세입니다.

2002년 월드컵 당시 우리나라 축구 국가대표팀이 4강에 올랐습니다. 선수 개개인의 역량을 따지면 세계 최고의 선수들과는 비교가 안 됐습니다. 하지만 당시 거스 히딩크 감독은 선수들을 단합시켜 한 방향으로 이끌었습니다. 이른바 히딩크 리더십이 진가를 발휘한 거죠. 반면 당시 세계 최고의 선수들이 포진한 프랑스 대표팀은 성적이 부진했습니다. 선수들은 뛰어났지만 감독이 팀워크를 만들어내지 못했기 때문이죠.

세계 최고의 팀으로 박지성 선수가 뛰고 있는 맨체스터 유나이티드는 선수들의 역량이 뛰어날 뿐더러 알렉스 퍼거슨_{Alexander Ferguson} 감독의 리더십도 발군입니다. 글로벌 톱기업이 되려면 맨체스터 유나이티드처럼 구성원들의 역량을 키우는 한편 CEO가 리더십을 발휘해 이들을 한 방향으로 나아가게 만들어야 합니다.

리더는 여섯 개의 신체기관을 활용해 리더십을 발휘해야 합니

아홉 경영구루에게 묻다

다. 각각 눈과 머리, 손발, 입과 가슴이죠. 우선 눈으로는 비전을 볼 수 있어야 합니다. 육안으로는 보이지 않는 저 너머를 봐야죠_{Look beyond obvious}. 머리는 지식, 손은 용인술, 발은 열정, 입은 소통 능력, 가슴은 순수성과 대응하죠. 저는 이것을 6각형 형상에 배치해 '헥사곤 리더십'이라고 부르는데 이 여섯 가지 자질은 기업가 정신과 맞닿아 있습니다. 리더에게 필요한 여섯 가지 핵심 역량이라고도 할 수 있죠.

성장과 기부 병행해야 존경받는 '큰바위 얼굴' 기업 된다

Q 홈플러스는 어떤 사회공헌 활동을 하고 있나요? 기업이 사회로부터 존경까지 받아야 합니까? 사회공헌 활동에 치중하느라 본업을 소홀히 할 수도 있지 않나요? 중소기업도 사회공헌 활동을 해야 하나요?

A 홈플러스의 비전은 세계 최고의 유통회사입니다. 시장에서 경쟁해 국내 1위의 대형마트가 되더라도 브랜드 빌딩을 제대로 하지 않으면 이루기 어려운 목표죠. 그래서 고객 가치를 창출해 시장에서의 브랜드 가치를 높이는 한편 사회공헌 활동을 통해 홈플러스의 사회적 브랜드 가치를 끌어올리기로 했습니다. 사회공헌 활동은 기업 이미지를 개선함으로써 경영 성과를 향상시키고 그에 따라 기업 가치가 올라가는 선순환을 일으킵니다.

기업엔 성장과 기여라는 두 개의 얼굴이 있습니다. 성장의 얼굴은 기업의 시장가치와, 기여의 얼굴은 사회적 가치와 각각 대응하죠. 이 두 얼굴이 동시에 같이 빛날 때 존경받는 '큰바위 얼굴' 기업이 될 수 있다고 생각합니다. 19세기 미국의 소설가 너새니얼 호손_{Nathaniel Hawthorne}

이 쓴 단편소설에서 소년 어니스트가 진실하고 겸손하게 살아 큰바위 얼굴처럼 온화하고 인자한 사람이 됐듯이 기업도 정도 경영을 하고 경제와 지역사회 발전에 기여하면 존경받는 기업이 될 수 있다고 생각합니다.

기업의 사회가치는 사회공헌 활동을 통해 높일 수 있습니다. 그런데 사회공헌 활동도 업의 개념에 맞춰 잘할 수 있는 것을 해야 합니다. 시장가치를 높일 때와 마찬가지로 기업 내부의 핵심 역량을 발휘해야 하는 것이죠. 홈플러스의 사회공헌 활동은 지역사랑, 환경사랑, 이웃사랑, 가족사랑 이 네 가지 키워드를 중심으로 펼쳐집니다.

지역사랑의 대표적인 활동이 평생교육 아카데미입니다. 우리가 유통회사로서 잘할 수 있는 것이 문화센터였습니다. 전국에 점포라는 네트워크를 구축하고 있기 때문이죠. 현재 문화센터를 운영하는 백화점이나 언론사와는 비교가 안 됩니다. 고객 조사를 해보니 실제로 이런 문화 욕구가 강했습니다. 홈플러스는 전국 95곳에서 평생교육 아카데미를 운영하고 있는데, 세계 최대 규모입니다. 이들의 연면적은 대형마트 네 개를 합친 것과 맞먹죠. 문화센터가 그동안 마케팅 도구로 활용되었다면 우리는 문화센터 운영을 사회공헌 활동으로 전환시켰다고 할까요.

이웃사랑으로는 아름다운가게와 연 100회 이상 여는 나눔바자회가 가장 오래됐는데 그새 전국 최대의 나눔바자회가 됐습니다. 기증받은 물품을 판매하는 홈플러스 움직이는 가게는 우리가 아름다운가게 측에 기증한 3.5톤 트럭이 전국 홈플러스 매장을 순회하며 물건을 팝니

아홉 경영구루에게 묻다

다. 벤더 파이낸싱이라고 해서 협력회사가 납품하자마자 그 대금을 해당 회사의 은행계좌로 입금시키는 우리 회사 대금결제 시스템은 협력사와의 동반성장을 지향하고 있죠.

환경사랑 활동으로는 국내 최초로 그린스토어를 열고, 탄소발자국 시스템을 도입해 2020년까지 단위 면적당 CO_2 배출량을 2006년의 50퍼센트 수준으로 저감키로 한 것 등을 꼽을 수 있죠. 매장 안 냉동식품 진열장에 문만 설치해도 CO_2 배출량을 연간 86.7톤 줄일 수 있습니다. CO_2 감축은 유통회사가 앞장서야 합니다. 배출되는 CO_2의 75퍼센트가 소비생활에서 발생하기 때문이죠. 유통회사는 고객과의 접점에 있어 하기에 따라서는 고객의 라이프 스타일을 바꿔놓을 수도 있습니다. 예를 들면 고객이 자전거를 타고 점포에 올 때 그린 마일리지를 제공하는 식으로 유도할 수 있죠.

환경 쪽에서 사회공헌 프로그램을 개발하려고 보니 이미 유한킴벌리가 잘하고 있었습니다. 반면 우리 점포는 가족 단위로 많이 찾는다는 강점이 있었습니다. 그도 그럴 것이 우리가 점포마다 생활 편의시설을 다 갖췄잖습니까? 그래서 환경 쪽은 어린이 환경운동에 집중했어요. e파란이라는 캐릭터도 만들었고요. 2000년 8월 태어난 업계 최초의 환경 캐릭터죠. 2000년부터 실시한 e파란 환경 그림 글짓기 공모전은 전국 최대 규모의 환경 공모전으로 2010에는 약 4만 명의 어린이가 참가했습니다.

저는 중소기업도 사회공헌 활동을 해야 한다고 봅니다. 돌이 아무리 많이 섞인 밥도 헤아려 보면 돌보다는 밥알이 많습니다. 중소기업도 밥알 몇 톨 나눌 여유는 있게 마련이죠. 부도가 나거나 한계기업이 아닌 한 중소기업도 우리 사회에 작은 도움을 줄 수 있습니다. 2010년

이승한의 착한 기업론

말 우리가 네트워크형 사회공헌 연합체 '작은 도움 클럽Every Little Helps Club'을 출범시킨 것도 그런 취지에서였습니다. 한국장학재단 같은 NGO 및 재단, 풀무원, P&G, 존슨앤드존슨 등의 기업이 이 클럽에 가입했습니다. 느슨한 연합의 형태로는 세계 최초인 사회공헌 모델이라고 할 수 있죠. 말하자면 중소기업들이 사회공헌 활동을 할 수 있도록 멍석을 깔아준 거예요. 제가 주창하는 사회공헌 활동은 풀뿌리 운동 같은 겁니다. 돈 많은 회사와 부자뿐 아니라 중소기업과 가난한 사람도 할 수 있는 것이죠. 액수의 다과는 중요하지 않습니다. 현물은 물론 지식과 재능, 아이디어도 기부하는 세상인데요.

중소기업도 이런 활동을 해야 하는 이유는 중소기업 스스로도 하고 싶어 한다는 것입니다. 설문조사를 해봤더니 70퍼센트 이상의 중소기업이 사회공헌 활동을 하고 싶다고 답했습니다. 엄두가 안 나고 방법을 몰랐을 뿐이죠. 이런 수요에 맞춰 맞춤형 등 다양한 사회공헌 프로그램을 제공하기 위해 사회공헌 활동도 연구개발R&D이 필요하다고 한 겁니다.

사실 큰 회사들이 사건·사고 터지고 나서 내놓는 억대 기부금보다 온 국민이 하는 작은 기부가 더 뜻깊다고 할 수 있어요. 풀밭에 널리 깔린 풀이 파릇파릇 자라듯이 기부가 전국적으로 퍼져나가는 과정에서 우리가 거름 노릇을 한번 해보고 싶습니다. 불씨라고도 할 수 있겠군요.

시장가치와 사회가치는 상호보완 관계에 있습니다. 두 가치 사이에서 균형점을 찾아내는 것도 CEO의 역할이죠. 이 균형점은 기업의 성장 단계와 밀접한 관계가 있습니다. 출범기 기업이 사회공헌 활동에 주력했다가는 성장의 기회를 놓칠 수도 있겠죠. 성숙기의 기업이라면 이 두 가치를 등가로 유지할 수도 있습니다.

아홉 경영구루에게 묻다

기업이 고용을 유지하고 이익을 내 세금 제대로 내면 됐지 사회로부터 존경까지 받아야 하냐고요? 저는 기업이 사람과 마찬가지로 살아 숨쉬는 유기체라고 생각합니다. 사람이 착하게 살아야 하듯이 기업도 착한 기업이 돼야 합니다. 나아가 존경받는 기업이 되려고 노력해야 한다고 생각합니다. 기업시민이라는 말도 있지 않습니까. 홈플러스는 사람으로 치면 열세 살짜리 소년입니다. 아직 어리지만 우리 구성원들은 언젠가 큰바위 얼굴 같은 기업이 될 날을 꿈꿉니다. 혼자 꾸는 꿈은 그저 꿈에 지나지 않지만 모두가 같은 꿈을 꾸면 현실이 됩니다.

이승한의 착한 기업론

이승한 회장은 아이디어 뱅크입니다. 하도 아이디어가 샘솟아 직원들이 따라잡기 바쁘죠. 이 회장은 창조의 마인드는 타고난다기보다 학습 과정을 통해 생긴다고 주장합니다. 저처럼 창의적이지 못한 사람에게는 적잖이 위로가 되는 말이죠. 그는 창의적인 마인드를 키우려면 바꾸는 습관, 아니 무엇이든 바꿔보는 습관을 들이라고 말합니다. 이를테면 그는 테헤란로를 걸으면서 주변 건물들을 머릿속으로 리모델링합니다.

저와 만난 어느 날 그는 "R호텔은 장사를 안 하려고 작심한 건물"이라고 혹평을 했습니다. 그러고는 종이 위에 그림을 그려가면서 그 이유를 설명했습니다. 흘려들을 수 없는 것이 그는 유통 CEO지만 도시공학 박사입니다. 삼성물산 건설부문 임원까지 지냈습니다.

이 회장은 자신의 아이디어를 그림으로 표현하는 것에 능합니다. 회사의 비전 같은 관념의 세계는 사실 직원들에게 말로 전달하기가 쉽지 않습니다. 이럴 때 그는 그림을 활용하죠. 그는 '최고의 가치를 제공하는 유통업체'라는 홈플러스의 비전을 집이라는 구조물로 시각화해 직원들에게 입력시켰습니다. 그가 처음 도식으로 제시한 이 비전 하우스엔 '디자인드 바이 SHL'이라고 저작권자가 표시돼 있습니다. 제 눈으로 확인한 사실인데, 지금은 여러 회사가 이 독창적인 비전 하우스를 차용하고 있습니다. 그 효과에 대해 그는 이렇게 설명합니다.

"홈플러스는 대한민국 어느 기업보다 회사의 경영 체계를 직원들이 잘 이해하고 있습니다. 바로 시각적으로 메시지를 전달하는 디자인의 힘이죠."

심지어 그는 마케팅 회의를 할 때도 디자인을 활용합니다.

"예를 들어 40쪽가량 되는 프레젠테이션 보고서를 없애고 달랑 그림 한 장 띄워놓고 회의를 합니다. 40쪽 보고서를 놓고 회의를 하면 프레젠테이션이 되지만 그림 한 장 띄워놓고 대화를 하면 토론이 됩니다."

이 회장은 이런저런 특강을 많이 합니다. 자신의 삶을 소개할 때도 그래프로 보여주는 그는 사람들에게 "당신의 삶을 디자인하라"고 말합니다.

조어도 많이 만들어내죠. 국립국어원 신어자료집에 올라 있는 신바레이션 말고도

아홉 경영구루에게 묻다

그는 많은 말을 만들어 쓰고 있습니다. 일례로 그는 디자인은 이미전스(imigience)라고 말합니다. 이미전스란 상상력(imagination)과 과학(science)의 합성어죠. 그 의미를 그는 이렇게 풀이했습니다.

"디자인은 다른 예술과 달리 예술인 동시에 과학이죠. 제품과 서비스를 편리하게 하는 동시에 고객의 사랑을 받게 만들려면 과학을 동원해야 합니다."

04
기업시민으로 거듭나야 지속가능
이채욱의 존경받는 기업론

이채욱 인천국제공항공사 사장은 삼성 출신으로 삼성-GE 조인트 벤처 대표를 거쳐 세계 최대 제조업체인 GE에서 CEO를 지냈습니다. 그가 경영하는 인천국제공항은 공항 분야의 노벨상으로 통하는 '세계 최고 공항상'을 6년 연속 수상했습니다. 세계 공항 서비스 평가에서 6년 연속 최고로 평가받은 것은 전무한 일이죠. 과거에 공항 운영 노하우를 전수해 달라는 인천공항 측 요구를 거절했던 싱가포르 공항이 만년 2위입니다. 인천공항은 요즘 공항 운영 노하우를 외국에 수출하지요.

세계 최고 공항 6연패 위업은 그가 GE식 시스템 경영을 공기업에 맞게 이식한 덕입니다. 윤리경영이 좋은 예입니다. 이 사장에 따르면 GE에서는 세상에 변하지 않는 것이 두 가지 있다고 말합니다. 하나는 세상이 변한다는 사실이고, 다른 하나는 정직과 신뢰, 즉 윤리적 가치죠.

그의 영문 이니셜은 CW입니다. 그는 이 약자의 의미를 '무슨 일이든 도전해(Challenge) 반드시 이긴다(Win)'로 풀이합니다. 5남2녀의 장남인 그는 형편이 어려워 유년 시절 집안일을 도맡아했다고 합니다. 중학교를 마치고 철공소에 들어가리라 마음먹었던 그는 장학생으로 상주고에 다니면서 면서기로 목표를 바꿉니다. 그리고 고교 시절 담임교사의 권유로 영남대 4년 장학생 모집에 응시하여 꿈에 그리던 대학생이 되죠. 법학과 재학 시절 그는 늘 교복만 입었다고 합니다. "대학생이라는 게 신바람이 났다"고 하더군요.

그에게도 좌절은 있었습니다. 1980년 초 삼성물산 과장 시절 고선박 해체 사업에 눈뜬 그는 낡은 배 네 척을 들여옵니다. 해체 후 철강회사에 고철로 팔기 위해 부산 감천만에 정박시킨 이 배들이 들이닥친 해일로 가라앉고 말았습니다. 그는 감천고해(甘天苦海: 감천만 앞바다는 고통의 바다)라고 써서 벽에 붙인 후 이 고선박들을 해저에서 50톤 단위로 절단해 크레인으로 끌어올렸습니다. 꼬박 1년 3개월이 걸렸다고 합니다.

이 일을 끝내고 자신과 약속한 대로 사직서를 제출한 후 집에서 쉬는데 회사에서 두바이 지사장으로 나가라는 연락이 왔습니다. 이렇게 시작한 해외 근무 경험이 발판이 돼 삼성-GE 의료기기 경영을 맡게 됐고, 그 후 GE에서 12년간 CEO를 지냅니다.

고희를 바라보는 나이에 젊은 세대가 닮고 싶어 하는 CEO가 되고 싶다는 이 사장의 최대 자산은 《백만불짜리 열정》(그의 자서전)입니다.

신문에 나는 부끄러울 일은 하지 말라

Q '착한 기업'이 되기도 어려운데 존경받는 기업이 될 수 있습니까? 존경받는 기업의 조건은 무엇입니까? 우리나라 풍토에서 공기업이 존경받기란 더욱 어려워 보이는데요. 존경받는 기업이 되려면 구체적으로 어떤 시도를 해야 하나요?

A 존경받는 글로벌 기업의 조건은 다섯 가지입니다. 기업 윤리, 지속적인 성장, 경쟁력을 바탕으로 한 성과 창출, 인재 확보, 사회적 책임의 이행이 그것이죠. 그중에서도 기업 윤리는 존경받는 기업의 가장 기본적인 덕목입니다. 세상에는 변하지 않는 것이 두 가지 있습니다. 하나는 세상이 변한다는 사실 그 자체입니다. 그래서 변화에 끌려다닐 게 아니라 그 변화를 주도해 내가 변화의 주인이 되어야 하죠. 잭 웰치 전 GE 회장은 "당신의 운명을 스스로 컨트롤하라. 그러지 않으면 남이 컨트롤할 것이다"라고 말했습니다. 이 화법을 빌려 '변화하라. 그러지 않으면 변화당할 것이다'라고 표현할 수 있죠.

이채욱의 존경받는 기업론

다른 하나는 정직과 신뢰라는 가치입니다. 과거에서 현재에 이르기까지, 그리고 미래에도 윤리적인 가치는 변하지 않습니다. 문제는 이런 윤리를 어떻게 체질화하느냐죠. 인천국제공항공사IIAC엔 원 스트라이크 아웃이라는 명문화된 규정이 있습니다. 윤리적인 문제를 일으킨 사람은 두번째 기회를 주지 않고 예외 없이 퇴출시키는 것입니다.

부정을 저지른 사람은 누구도 보호할 수 없고 보호해서도 안 됩니다. 사장도 못합니다. 아무리 우수한 인재라 하더라도 윤리적인 가치관에 문제가 있으면 교체해야 합니다. 동료들에게 악영향을 끼치기 때문이죠. 생산성이 두 배인 사람이 있다고 가정해 보죠. 이런 인재가 윤리적인 문제를 일으켰는데 사람이 아까워 조직이 묵인합니다. 그러면 어떻게 될까요? 동료들의 의욕이 꺾여 전체적으로 생산성이 떨어집니다. 사람을 보호하려다 조직이 망가지는 거죠. 결국 이 제도는 유혹을 뿌리치게 만듦으로써 직원을 보호하는 기능을 합니다. 이름에 아웃이 들어가지만 직원을 아웃시키는 게 목적이 아닌 거죠.

공기업 평가단의 어느 교수가 원 스트라이크 아웃 제도의 실적을 보여달라고 요구한 일이 있습니다. 아웃시킨 실적이 없다고 했더니 "그러면 유명무실한 제도가 아니냐"고 묻더군요. 농담이려니 했지만, 실적이 없는 것이야말로 이 제도가 살아 있는 방증이라고 할 수 있습니다.

사실 윤리규정은 웬만한 회사는 다 있습니다. 대부분 규정의 내용도 잘돼 있습니다. 정작 중요한 건 이 규정을 일일이 지킬 수 있느냐

아홉 경영구루에게 묻다

는 것이죠. 그래서 우리는 뉴스페이퍼 테스트를 하도록 합니다. 일종의 가이드라인인데 자신이 하는 일이 신문에 실려도 괜찮은지 스스로 점검을 해보도록 하는 거예요. 또 전체 구성원이 준수자이면서 동시에 감시자인 시스템을 운용합니다. 부정에 대한 유혹을 받더라도 보는 눈이 있으면 저지르기가 쉽지 않죠. 기업윤리가 살아 있게 만드는 바람직한 제도는 윤리적인 문제가 아예 생기지 않게 하는 시스템입니다. 존경받는 기업에 몸담으면 자부심이 생깁니다. 회사가 자랑스럽죠. 그런 자부심을 잃지 않으려면 동료가 윤리규정에 위배되는 행동을 하지 않도록 막아야 합니다. 이런 자세야말로 진정한 오너십이죠.

조직의 투명성과 내부의 신뢰를 높이는 제도로 우리는 간부 인사청문회New Leader Assimilation를 도입했습니다. 사장은 본부장을 대상으로, 본부장은 처장, 처장은 팀장, 팀장은 팀원들과 청문회를 엽니다. 청문회 참석자들은 리더를 대상으로 궁금한 것들을 묻고 리더는 진솔하게 답변을 해야 합니다. 가령 구조조정의 전문가라고 하는데 재임 중 직원들 막 자르는 거 아니냐고 누군가 물을 수 있죠. 이때 질문자의 익명성이 확보되도록 질문 내용을 노란색 포스트잇에 써서 리더가 입장하기 전 미리 보드에 붙여 놓습니다. 질문의 범주는 다섯 가지입니다. 소문 등을 통해 리더에 대해 이미 알고 있는 것, 리더에 대해 더 알고 싶은 것, 리더가 조직에 대해 알아야 할 것, 리더에 대해 우려하는 것, 리더에 대한 제안 등이죠. 이런 청문회를 열면 오해와 억측이 사라지고 조직이 투명해집니다. 그 결과 리더와 구성원이 친밀해지고 서로 신뢰가 생기죠. 자연히 팀워크가 좋아지고 불필요한 낭비도 없어집니다.

IIAC에 부임한 지 얼마 안 됐을 때의 일입니다. 해외출장을 다녀왔는데 부사장 이하 전 임원이 비행기 앞까지 마중을 나온 거예요. 우리

이채욱의 존경받는 기업론

는 공항 출입증이 있어서 활주로까지 들어갈 수 있습니다. 비행기에서 내리다 무슨 일이 생긴 줄 알고 깜짝 놀랐습니다. 사장이 출장 갔다오는 데 왜 임원들이 일 안 하고 나옵니까? 이게 무슨 낭비예요? 사장이 어떤 사람인지 몰라서 생긴 일이죠. 그런데 모르면 그럴 수 있습니다. 의외로 리더에 대해 구성원들이 오해하고 있는 것이 많습니다. 사실 일이라도 난듯 대거 마중 나온 광경을 보고 흐뭇해하는 사람이 꽤 있거든요. 말로는 다음엔 나오지 말라고 하면서 은근히 즐기는 거죠. 여기에 한 술 더 떠 "아무개는 안 나왔나" 하고 한마디 하면 다음에 어떻게 되겠어요?

그런데 누구나 인사청문회 때 자신이 공언한 것에는 얽매이게 마련입니다. 인사청문회에서 "해외출장 다녀오실 때 공항에 나가는 게 좋으냐"는 질문에 나오지 말라고 했으면 그래서 안 나왔으려니 하고 정리를 하게 되죠. 그러면서 리더도 성장합니다.

인사청문회는 일차적으로 서로 이해의 폭을 넓히기 위한 것이지만 그 과정에서 토론도 벌어집니다. 조직원들이 회사 문화에 대해 소개하고 리더가 그것을 문화로 받아들여야 할 때도 있지만 때로는 리더로서 그 문화가 바뀌어야 한다고 생각할 수도 있겠죠. 그래서 토론을 하다 보면 조직원들의 생각이 바뀔 수도 있어요. 이때 필요한 것이 컨센서스입니다. 이런 과정을 통해 조직 안의 벽이 허물어지고 열린 기업문화가 만들어집니다. 열린 기업문화 만들기는 투명 경영의 일환이고, 투명성이야말로 윤리경영의 첫번째 요소죠. 공기업은 특히 이른바 주인이 없는 회사라 파벌이 생기고 알력이 심해지기 십상입니다. 전체 하부조직에서 리더와 구성원 간에 공유하는 게 많아지면 공감대가 형성되고 좋은 뜻에서 패밀리 의식이 생깁니다.

모름지기 조직은 같은 색깔의 피가 흘러야 합니다. 구성원들이

아홉 경영구루에게 묻다

서로 같은 생각을 해야 한다는 겁니다. 인사청문회 등을 통해 리더와 구성원이 서로 동화assimilation되면 그때 비로소 같은 피가 흐르게 되죠.

성장하지 않는 기업은 죽은 나무와 같다

Q 존경받는 글로벌 기업의 두번째 조건으로 지속적인 성장을 꼽으셨는데, 성장이 왜 중요합니까? 공기업도 성장을 추구해야 하나요? 인프라가 고정된 공항이 어떻게 성장을 하나요? 기업이 성장을 못 하면 어떤 문제가 생기나요? 외형에 치우친 성장은 부작용을 낳을 수도 있는데, 지속가능한 성장의 조건은 뭔가요?

A 모름지기 기업은 성장해야 합니다. 외형이 지속적으로 성장해야 조직이 커지고, 그래야 고용을 늘리고 조직에 몸담은 구성원도 지속적으로 성장할 수 있죠. 기업은 성장을 멈추는 순간 문제가 생기기 시작합니다. 무엇보다 미래가 불투명해집니다. 물론 이익을 내는 성장profitable growth이어야겠죠.

조직의 원리는 자연의 원리와 별반 다르지 않습니다. 성장을 멈춘 나무가 죽은 나무이듯 성장을 멈춘 조직은 죽은 조직이라고 할 수 있죠. 경쟁사들이 성장을 지속하는데 우리 회사는 정체됐다면 상대적으로 마이너스 성장을 한 것입니다. 기업이든 국가든 지속적으로 성장해야 건실한 상태를 유지할 수 있습니다. 이 점은 공기업도 마찬가지예요. 성장은 모든 조직에 필수적인 요소죠.

그런데 수요가 계속 늘어나면 손쉽게 성장할 수 있습니다. 문제는 수요가 정체됐을 때 성장의 돌파구를 어떻게 마련하느냐입니다. 사

이채욱의 존경받는 기업론

실 공기업은 특수 목적에 따라 설립돼 사업을 다각화하는 데도 한계가 있습니다.

우리는 이 문제를 인천국제공항의 브랜드 파워를 높여 해결했습니다. 세계 공항 서비스 평가에서 6연패를 해 우리 브랜드를 자산화한 것이죠. 그 덕에 우리 공항 운영 노하우를 외국에 수출하고 있습니다. 2010년 이라크와 컨설팅 용역 계약을 맺었는데 이에 따라 5년간 운영 관리, 정보통신, 구조 소방 등 6개 분야의 전문가를 파견해 이라크 아르빌 국제공항의 운영을 지원합니다. 이 계약으로 우리 공사에 31개의 고급 일자리가 생겼습니다. 노하우 수출은 최근까지 프랑크푸르트 공항, 파리 공항, 암스테르담의 스키폴 공항 등 선진국 공항들이 하던 일이죠.

중국, 사우디아라비아, 카타르, 필리핀 등과도 노하우 수출과 관련한 협의를 하고 있습니다. 이라크에 대한 노하우 수출 액수가 400억 원에 이르는데 우리의 경험을 파는 것이니 물건 하나 갖다주는 게 없습니다. 소프트웨어 수출이라 수익률이 굉장히 높은 비즈니스죠. 프라포트(프랑크푸르트 운영사), 파리공항공단 등은 수익의 10~15퍼센트를 해외에서의 운영을 통해 거둬들입니다. 해외 공항 운영 수익 규모가 우리가 내는 수익보다 더 커요. 그야말로 알짜배기 사업이죠.

우리도 과거엔 그렇게 돈 내고 배웠습니다. 런던 히스로 공항을 둘러보는 데 1인당 몇백 파운드를 지불했고, 2010년 국제공항 평가에서 인천공항에 이어 2위를 한 싱가포르 공항에 한 수 가르쳐 달라고 했다가 거절당한 적도 있습니다. 그런데 2010년 싱가포르 공항 측에서 사장을 비롯한 관계자들이 팀을 이뤄 며칠 동안 우리에게 노하우를 배워 갔어요. 공사 내부에서 노하우 제공 여부를 둘러싸고 논란이 있었지만 1등 공항답게 과감하게 보여주기로 했죠.

아홉 경영구루에게 묻다

세계 공항 서비스 평가를 주관하는 국제공항협의회는 2007년 인천공항을 글로벌 교육 허브로 지정했습니다. 동아시아 회원국을 대상으로 공항 건설과 운영 노하우를 전수할 수 있게 된 거죠.

우리 공사는 또 성과 지향적인 조직으로 바꾸기 위해 하부 조직의 브랜드를 변경했습니다. 예를 들어 운영본부는 영업본부로, 관리본부는 경영지원실로 고쳤죠. 영업본부 밑엔 마케팅팀을 뒀습니다. 공기업 중 마케팅팀이 있는 곳은 우리 공사가 거의 유일할 거예요. 브랜드가 바뀌면 구성원들의 사고방식이 달라집니다. 단적으로 영업본부라고 할 때 비로소 소속원들에게 영업 마인드가 생기죠.

우리 마케팅팀에서는 실제로 마케팅을 합니다. 일본과 중국의 여러 도시를 찾아 나리타 공항과 베이징 공항 대신 인천공항에서 환승하면 어떤 이점이 있는지 설명합니다. 시간과 경비가 절감될 뿐더러 더 좋은 환승 라운지와 면세점을 이용할 수 있다고 홍보합니다. 실제로 베이징 공항 대신 인천공항에서 갈아타면 다섯 시간을 절약할 수 있고, 나리타 대신 인천공항을 이용하면 두어 시간 세이브하고 비용도 100만 원 줄일 수 있죠. 그 덕에 2010년 상반기 국내 항공 수요가 10퍼센트 이상 줄었지만 외국인 수요는 20퍼센트 이상 늘어났습니다. 우리의 경쟁 상대는 나리타와 간사이 공항, 베이징 공항입니다.

지난 3월부터 국제선 환승객에게도 1만 원씩 공항 이용료를 받습니다. 환승객 수가 520만 명가량 되는데 99퍼센트가 외국인입니다. 비용을 거의 들이지 않고 약 500억 원의 추가 수익을 올리는 셈이죠. 성장을 추구하는 마케팅의 성과라고 할 수 있습니다. 이 밖에 항공 수요를 창출하기 위해 공항 주변 부지를 패션 아일랜드, 컨벤션센터, 쇼핑몰 등으로 개발하려고 합니다.

이채욱의 존경받는 기업론

성장하는 조직이 되려면 무엇보다 구성원들이 성장에 대한 마인드를 갖춰야 합니다. 영업부서뿐 아니라 모든 부서의 전 구성원이 성장형 리더growth leader가 돼야 해요. 성장형 리더란 성장에 도움이 되는 사고를 하고 그런 방향으로 일을 하는 사람입니다. 이들은 대외지향적이고 상상력을 발휘하는 한편 생각이 분명합니다. 해당 분야의 전문가일 뿐만 아니라 포용력도 있는 사람들이죠. 주변 공항에서 환승객을 끌어들여야겠다는 생각, 주변 부지를 개발해야겠다는 발상은 회사의 성장에 관심이 없으면 하기 어려운 생각입니다. 성장은 영업본부처럼 성장을 직접 견인하는 부서 사람만 관심을 기울인다고 되는 게 아닙니다. 경영지원실 사람들은 그들대로 성장을 부추기는 방향으로 지원을 하고 성장을 저해하는 요소를 제거해 나가야 합니다.

성장을 추구하는 데도 룰이 있습니다. 우선 조직이 감내할 만한 속도라야 합니다. 요즘 민간 기업들이 인수합병M&A을 많이 하는데 조직이 수용할 수 있는 한계를 넘어서면, 일부 사례에서 보듯 모기업이 흔들릴 수 있어요. 또 공기업의 경우 설립 목적에 부합해야 합니다. 예를 들어 한국전력 같은 회사가 건설업에 진출할 수는 없는 일이죠.

회사가 성장을 멈추면 어떤 일이 벌어질까요? 한마디로 미래가 없는 회사로 전락하고 맙니다. 신바람이라고는 기대할 수 없고, 몸담고 있는 구성원들이 불안해지죠. 조직이 성장해야 개인도 성장에 대한 열망을 키울 수 있습니다. 성장하지 않는 조직에서는 승진도 기대할 수 없어요. 결국 조직이 고인 물처럼 썩고 맙니다.

아홉 경영구루에게 묻다

GE는 성장을 하나의 프로세스로서 관리합니다. 기술화, 세계화 등을 성장을 견인하는 요소로 보고 프로세스를 관리하는 거죠. 지속가능한 성장이 되려면 여기에 투명성 등 윤리적 요소가 가미돼야 합니다.

적자 내는 공기업 CEO는 형법에 없는 죄인

Q 존경받는 글로벌 기업의 세번째 조건으로 경쟁력을 바탕으로 한 성과 창출을 꼽으셨는데, 성과가 그렇게 중요합니까? 외형의 성장과 이익은 어떤 관계에 있나요? 공공성을 띠는 공기업도 이익에 목을 매야 하나요? 구체적으로 어떻게 해야 성과를 창출할 수 있나요? 성과를 창출하기 위해 리더는 무엇을 해야 하나요?

A 성장과 이익, 즉 성과의 창출은 수레의 두 바퀴와 같습니다. 두 바퀴가 균형을 이뤄야 앞으로 나아가죠. 적자를 내는 성장처럼 이 균형이 무너지면 반경이 짧은 바퀴를 축으로 제자리에서 맴돌게 됩니다. 외형이 성장해도 경쟁력과 효율이 떨어지면 회사가 부도나고 결국 망할 수밖에 없어요. 투자 성격을 띤 단기적 적자로 감내할 수 있는 수준이라면 얘기가 다르죠. 공기업의 경우 상대적으로 적자의 부담이 작다고 할 수 있지만 이익을 내야 한다는 건 기업의 기본 원리입니다.

조직의 효율을 떨어뜨리는 관행으로는 불필요한 서류 작성을 꼽을 수 있습니다. 전형적으로 아무도 읽지 않는 해외출장보고서를 들 수 있죠. 정보가 없던 과거에는 해외출장을 가기 전에 남이 쓴 출장보고서를 훑어보는 게 도움이 됐습니다. 그런데 지금은 인터넷만 뒤져도 정보가 넘쳐납니다. 그래서 없애라고 했더니 감사 때문에 안 된다는 거예요.

이채욱의 존경받는 기업론

결국 해외출장보고서, 청렴서약서, 차량운행일지 등 비생산적인 보고서를 26종이나 없앴습니다. 이렇게 형식적인 보고서를 쓰느라 일할 시간을 빼앗기는 건 낭비입니다. 어떤 일이 과연 회사를 위한 것이냐 아니냐는 스스로 판단해 보면 압니다. 이런 원칙이 규정이나 관행보다 우선해야 합니다.

회의시간에 서열 순으로 앉는 고정석을 없앤 것은 회의의 생산성을 높여줬습니다. 부임하고 보니 사장 등 임원들이 앉는 고정석이 따로 있더라고요. 이런 문화는 조직의 유연성을 떨어뜨리고 벽을 만듭니다. 회의 때마다 옆자리에 앉는 사람이 바뀌어야 분위기가 자유로워지고 커뮤니케이션도 더 활발해지죠. 또 더 창의적이 되고요. 때로는 잠깐씩 선 채로 스탠딩 미팅도 합니다.

무엇보다 성과에 따라 보상하는 성과주의 보상 시스템이 작동해야 합니다. 인센티브 시스템이 좋은 예죠. 아리스토텔레스는 정의의 본질을 평등으로 규정하고, 모든 사람을 동등하게 취급하는 평균적 정의와 능력과 공헌도에 따라 차등 대우하는 배분적 정의로 구분했어요. 차등을 두는 배분적 정의를 중시하는 것이 시대의 흐름이고, 우리나라도 이쪽으로 가야 합니다. 우리 공사는 간부의 경우 같은 직급에서 성과급의 격차가 최대 200퍼센트이지만 아예 못 받는 사람은 없습니다. 우리나라 실정에서는 이 정도 격차가 적정해 보여요. 하지만 선진 외국에서는 성과급을 못 받는 사람도 있습니다. 이 같은 성과주의 보상 시스템을 도입하는 건 조직의 생산성을 높이기 위해서입니다. 성과에 따라 보상을 하면 조직이 활기를 띠죠. 상식적인 이야기지만 생산성이 떨어지는 사람에게 더 적게 주면 앞으로 더 많이 생산해야겠다는 동기가 생깁니다. 상위 직급으로 갈수록 인센티브 비중을 높이는 게 바람직합니다. 성

아홉 경영구루에게 묻다

과주의 시스템을 전면적으로 실시하는 것이 바로 연봉제죠.

전 세계에서 인천국제공항만 도입한 성과 창출 시스템이 있습니다. 승객예고제인데 그 덕에 세계에서 가장 빠른 공항이 됐습니다. 공항을 평가하는 잣대는 신속성, 편리성, 안전성 이 세 가지인데 이 제도를 실시한 후 신속성이 획기적으로 개선됐어요.

입출국에 걸리는 시간의 국제적인 권고 기준은 출국이 60분, 입국이 45분입니다. 그런데 인천공항은 이 시간을 각각 18분과 13분으로 단축했습니다. 국제 기준의 3분의 1이 안 되는 시간이죠. 시스템의 원리는 아주 간단합니다. 해외에 나가는 사람들은 항공편을 예약하는데 이 예약 정보를 전부 취합해 분석합니다. 예를 들어 내일 아침 8시부터 9시 사이에 1만2000명이 출국하는데 목적지별로 각각 몇 명이라는 자료를 뽑습니다. 이 자료를 사전에 항공사, 세관, 법무부에 제공하죠. 그러면 각 기관은 그에 따라 체킹 카운터 등의 창구를 준비합니다. 통보받은 승객 수에 따라 기관별로 창구를 늘리거나 줄여 유연하게 대응하는 거예요. 승객예고제를 실시하고 나서 이쪽은 승객이 몰려 복잡한데 저쪽은 한가한 경우가 없어졌습니다. 컴퓨터 프로그램 하나로 병목현상, 즉 흐름의 문제를 해결한 겁니다.

그런데 간단하지만 효율적인 이 시스템이 전 세계에 인천공항에만 있어요. 셀프체크인, 자동 출입국심사 시스템 등도 여객의 흐름, 즉 입출국 처리 속도를 높이기 위한 것들이죠. 이런 시스템들 덕분에 우리가 '세계 최고 공항상'을 6년 연속 수상한 겁니다. 〈USA투데이〉 같은 해외의 유력 언론이 '왜 다른 공항들은 인천공항처럼 못하는가'를 주제로 우리 서비스를 분석한 기사를 싣는 거고요. 외국에서 승객예고제를 부러워하기 때문에 앞으로 이 시스템도 해외에 수출하려고 합니다. 세

이채욱의 존경받는 기업론

조직에서 비효율은 법에 없는 죄악이다. 적자를 내는 CEO는 그런 점에서 형법에 없는 죄인이라고 할 수 있다.

계 1등이라는 브랜드 파워를 자본화해 해외에 진출하는 거죠. 이렇게 해서 서비스를 효율화하고 그래서 거둔 성과를 해외에 수출하는 선순환이 이루어지는 겁니다. 승객예고제 같은 시스템이 일반화하면 그땐 또 다른 창의적인 방식으로 차별화해야죠. 그게 바로 문화공항culturereport 입니다. 인천공항을 한국을 느끼고 체험할 수 있는 문화공간으로 만들 겁니다.

고객에 대한 구성원들의 생각, 즉 서비스 마인드가 바뀌면서 물류 쪽에서도 성과가 창출되고 있습니다. 중국 톈진에 있는 삼성전자 휴대전화 공장에서 유럽 등 전 세계로 수출을 합니다. 무려 연간 1만7000톤, 7조 원어치나 되죠. 이 물량을 중국 현지에서 인천항으로 실어온 후 인천공항을 통해 우리 국적 항공사가 싣고 나갑니다. 이렇게 하면 노선도 더 많고 물류비용도 절감되죠. 더욱이 대한항공은 국제 항공화물 운송 실적 세계 1위 항공사입니다. 항공사는 항공료 수입이 늘고, 이 일련의 과정에서 일자리도 생겨나죠.

인천공항은 2010년 ERP(전사적 자원관리)시스템을 도입했습니다. 250억 원이 들었고 1년 반 걸렸습니다. 공기업도 운영의 효율성을 개선해 수익을 높여야 합니다. 민간 기업과 마찬가지로 주주인 정부와 이해관계자의 이익을 극대화해야 합니다. 그러기 위해서는 아주 작은 요소라도 비효율적인 것은 끊임없이 제거해 나가야 합니다. 비효율이야말로 성과 창출을 저해하는 요인이기 때문이죠. 일반적으로 공기업엔 비효율을 낳는 관행과 규정이 적지 않습니다. 조직에서 비효율은 법에 없는 죄악입니다. 적자를 내는 CEO는 그런 점에서 형법에도 없는 죄인이라고

아홉 경영구루에게 묻다

할 수 있죠.

인사 시스템을 바꾸면 조직이 절로 변한다

Q 존경받는 글로벌 기업의 네번째 조건으로 인재 확보를 꼽으셨는데, 어떻게 해야 인재를 만들어낼 수 있나요? 어떻게 하면 인력의 질을 높일 수 있습니까? 인사 시스템은 어떻게 짜야 하나요? 교육제도는 어떻게 바꿔야 하죠? 조직에서 인정받는 인재가 되려면 어떻게 해야 합니까?

A 인천국제공항공사에 부임한 후 인사 시스템을 바꿨습니다. 새 인사 시스템의 핵심은 인사권 위임과 전 직위를 대상으로 한 직위 공모제Job Posting 도입이죠. 저는 사장으로서 저에게 직접 보고하는 본부장 인사만 합니다. 나머지 인사권은 하부조직에 위임했어요. 그래서 본부장은 처·실장을, 처·실장은 팀장을, 팀장은 같이 일할 팀원을 임명합니다. 자신이 쓸 사람을 자기 손으로 뽑고 그에 대해 책임을 지도록 한 것이죠. 인사의 원칙은 공정성, 투명성, 일관성 이 세 가지로, 이 원칙을 어기면 인사권을 회수하겠다고 했어요. 인사팀엔 이 원칙을 제대로 준수하는지 조사를 하도록 했죠.

인사 대상자인 직원들은 공모한 직위에 3지망까지 지원을 하게 했습니다. 그랬더니 어느 팀장에게도 선택받지 못한 직원이 나오는가 하면, 그 밑에서 일하겠다는 지원자가 없는 팀장도 있었습니다. 채용이 안 되면 집에 갈 각오를 하라고 엄포를 놓았었기에 이 사람들은 충격을 받았죠. 이런 인사 시스템에서는 누구나 조직에 필요한 사람이 되기 위해 노력하고, 리더는 리더대로 자기 자신을 돌아보고 부족한 면을 개선하게 되어 있습니다. 한마디로 조직의 전 구성원이 자신의 가치를 높이기 위해 노력하게 된 것이죠. 인사 시스템을 바꾸자 조직 자체가 변했습니다. 인사권을 위임하고 공모제를 통해 필요한 인력을 충원함으로써 회사 내부에 인력 시장이 형성된 셈이죠. 직원들로서는 하고 싶은 일을 할 수 있고, 팀장급 이상은 원하는 인력을 뽑아 쓸 수 있어 구성원들도 환영합니다.

이렇게 시스템을 바꾸면 부수적으로 인사 청탁도 차단됩니다. 노조에서도 인사 압력을 행사할 수 없죠. 외부에서 저에게 청탁 전화가 걸려오면 "나는 본부장 인사권밖에 없다"고 사실대로 이야기합니다. 또 인사 원칙을 지키면 원천적으로 밀실 인사니 정실 인사니 하는 소리가 나오려야 나올 수가 없어요. 가령 국회나 정부 쪽의 누군가에게서 인사 청탁을 받았다고 가정해 보죠. 투명성의 원칙대로 청탁 받아 인사를 했다고 설명해야 하는데, 그럴 수 있습니까? 투명하게 설명할 수 없는 일은 하지 않아야 합니다.

이와 더불어 삼진아웃제를 도입해 3년 연속 성과가 최하위 등급이면 퇴출되도록 인사규정을 고쳤습니다. 사실 3년 연속 최악의 평가를 받았다면 그 조직에는 맞지 않는 사람입니다. 그런 사람은 나쁜 상황에서 벗어나려고 스스로도 노력해야겠지만 적합한 조직으로 자리를 옮겨줘야 돼요. 이 조직에선 바닥이었지만 저 조직에서는 톱이 될 수도 있

> 첫째 내가 고용주라면 나 자신을 채용하겠는가? 둘째 내가 고용주라면 지금 내가 받는 만큼의 급여를 나에게 지급하겠는가? 이 두 가지는 스스로를 다스리는 자기 규율의 준거라고도 할 수 있다.

아홉 경영구루에게 묻다

거든요. 이런 경우를 잭 웰치는 이렇게 비유했습니다. "우리 집 뒷마당에 있는 나무도 뒷집에서 보면 앞뜰에 서 있다."

어느 하부조직에 속해 있으면서 실적이 2~3년간 바닥이었다면 본인도 행복하지 않습니다. 삼진아웃시키는 게 비인간적이라고 생각할 수도 있지만 다른 하부조직에서 일할 기회를 준다는 점에서 오히려 인간적이라고 봅니다. 적재적소에 배치하기 위한 인사 원칙인 셈이죠. 3년은 말하자면 계약기간이라고 할 수 있는데 그 기간 동안 성과를 못 냈으면 용퇴하는 것이 선진적인 시스템입니다. 우리나라도 점차 그런 방향으로 가고 있다고 봅니다.

조직의 구성원은 어느 직급에 속하든 리더십이 요구된다는 점에서 모두 리더라고 할 수 있습니다. 또 누구나 스스로를 리딩하는 셀프 리더죠. 셀프 리더로서 우리는 스스로 두 가지를 자문해 봐야 합니다. 첫째 내가 고용주라면 나 자신을 채용하겠는가? 둘째 내가 고용주라면 지금 내가 받는 만큼의 급여를 나에게 지급하겠는가? 만일 현재 급여만큼 주지 않겠다면 더 열심히 일을 해야겠죠. 그런 점에서 이 두 가지는 스스로를 다스리는 자기 규율의 준거라고도 할 수 있습니다.

자기 자신을 평가하는 더 실질적인 잣대로 순고객추천지수NPS: Net Promoter Score를 원용할 수 있습니다. 세계적 컨설팅 회사인 베인앤드컴퍼니가 개발한 NPS는 특정 제품에 대한 고객들의 추천 의향을 파악함으로써 해당 제품에 대한 고객의 충성도를 측정하는 지표입니다. 특정 제품을 추천하겠다는 고객 Promotor 수에서 그 제품을 혹평하는 고객 Detractor 수를 뺀 후 전체 응답 고객 수로 나눠 산출하죠. 이때 추천 고객은 10점 만점에 9~10점을 준 사람, 혹평 고객은 0~6점을 준 사람들입니다. 명품 모터사이클 할리데이비슨의 NPS가 80인데 보통 50 이상 나오기가 어렵습니다. GE는 전 사업부가 NPS를 핵심적인 경영관리 지표로 활용합니다.

자, 사람에 대한 평가에 이 NPS를 적용해 볼까요. 누구나 지인들 가운데 그 사람을 좋아하는 사람이 있고 싫어하는 사람이 있습니다. 마찬가지로 어떤 사람의 채용 여부를 검토하는 사람에게 그를 추천하는 사람도 있고 혹평하는 사람도 있게 마련이죠. 물론 중립적인 사람도 있을 수 있고요. 이때 추천하는 사람의 비율에서 혹평하는 사람의 비율을 뺀 것이 50은 되어야 한다고 봅니다. 한번 자문해보세요. 주변 사람에게 '친구나 동료에게 저를 추천하시겠습니까' 하고 물었을 때 NPS가 얼마나 나올 것 같습니까? 아니 당신이 고용주라면 당신 자신을 채용하겠습니까?

교육제도는 GE로부터 배울 점이 많습니다. GE에서는 피교육자로 선발되면 다들 고무됩니다. 선발된 것 자체가 회사에서 인정을 받았다는 징표로, 교육과정 이수 후 승진의 레드 카펫을 밟게 될 것이기 때문이죠. 흔히 피교육자의 '피' 가 '피곤하다' 의 피자라는데 GE의 피교육자는 신바람이 납니다. 교육과정은 비즈니스와 연관돼 있습니다. 교육을 마치고 나면 과제가 부여되는데, 예를 들면 '중남미 시장에서 가전제품의 시장점유율을 15퍼센트 올리는 전략을 제시하라' 같은 과업이 주어집니다. 피교육자들은 중남미 지역을 돌면서 실제로 전략을 짜고, 그 과정에서 드는 비용은 가전제품 사업부가 부담하죠. 전략을 수립하고 나면 회장 앞에서 프레젠테이션을 하는데, 발표한 전략이 좋으면 바로 채택이 돼 실행에 옮겨집니다. 그러니까 승진 가능성이 큰 사람을 교육 보내고, 교육과정은 흥미롭게 만들고, 교육성과는 실무와 연동시키는 겁니다.

아홉 경영구루에게 묻다

그런데 대부분의 우리나라 기업에서는 교육이 교육으로 끝나고
맙니다. 교육을 마치면 성과를 프레젠테이션하는 과정 없이 수고했다는
말 한마디 주고받고 끝이죠. 아쉽게도 교육의 성과를 활용하는 시도, 교
육의 생산성을 높이려는 노력이 우리는 부족합니다.

당신의 고객을 절대 손해 보게 하지 말라

Q 존경받는 글로벌 기업의 마지막 다섯번째 조건으로 사회적 책
임의 이행을 꼽으셨는데, 기업이 왜 사회적 책임을 다해야 하나요? 사회
적 책임을 져야 할 대상은 누구인가요? 사회적 책임 이행의 효과는 무엇
입니까? 사회적 책임을 다하는 것과 지속가능한 경영은 어떤 관계가 있
나요?

A 기업도 사회적 존재로 어떤 의미에서는 인격체라고 할 수 있
습니다. 그런 만큼 지역사회에서 기업시민으로 처신해야 합니다. 이런
역할을 소홀히 하면 기업으로서 존속할 수가 없어요. 이렇게 볼 때 사회
적 책임의 이행은 지속가능한 경영의 한 조건이라고도 할 수 있습니다.
인천국제공항엔 면세점, 식당 등 약 570개 업체가 입점해 있습
니다. 우리 고객이자 사업 파트너들이죠. 이 밖에 보안업체 등 공항 운
영에 종사하는 업체와 여러 정부 기관들도 입주해 있습니다. 그 인원만
3만5000명에 이르는데 저는 이들을 우리 패밀리라고 부릅니다. 소속된
조직은 서로 다르지만 인천공항 패밀리라는 울타리 안에서 하나라고 생
각하는 거죠. 이 가운데 우리 공사 직원은 850여 명에 불과합니다.
미국발 경제위기가 닥친 2010년 우리는 공항 입점료를 10퍼센

트 내렸습니다. 입점 업체들에 금액으로 1238억 원을 지원한 셈입니다. 진짜 패밀리라면 이런 국가적인 경제위기에 봉착해 어려운 사업 파트너들에게 마땅히 도움의 손길을 내밀어야죠. 업체들이 경제난으로 사업이 안 돼 떠난다면 패밀리도 무너지는 겁니다. 당시 우리 직원들에게 '투자의 귀재' 워런 버핏이 경영회의 때 사장단에게 설파했다는 두 가지 룰을 강조했습니다. '첫째, 당신의 고객으로 하여금 절대 손해 보게 하지 마라. 둘째, 첫번째 룰을 잊지 마라'.

공기업이다 보니 민간 기업에 이렇게 할인을 해줬다가 나중에 무슨 오해를 사는 것 아니냐는 우려가 내부에 있었습니다만, 기우였습니다. 정부에 몸담고 있는 분들 가운데 그러다 큰일 난다고 하던 사람들도 나중엔 잘했다고 하더군요. 사실 모든 일을 투명하고 공정하게 그리고 일관성 있게 처리하면 다른 것은 걱정할 필요가 없습니다. 누구는 할인해 주고 누군 안 해준 게 아니거든요.

과거에 없었던 일이기에 업체들의 반응도 뜨거웠습니다. 감사 전화도 많았고 직접 찾아와 감사 인사를 건넨 이들도 꽤 됩니다. 이런 일을 겪으면서 입점 업체 직원들에게 진정한 패밀리 의식이 생겨났습니다. 인천공항이라는 우산 속에서 하나의 패밀리라는 생각들을 비로소 하게 된 거죠. 입점료 할인은 선례도 없었거니와 누가 요청한 것도 아니고 기대조차 하지 않았던 일이거든요.

인천국제공항이 전 세계 1700개 공항 가운데서 6년 연속 세계최고공항상을 받은 것은 이런 패밀리 의식이 작용했기 때문입니다. 패밀리로서의 결속력이 생긴 거죠. 공항 서비스 업그레이드라는 것이 공항공사 직원들만 잘한다고 되는 일이 아니거든요. 당시 우리는 국가적인 경제난 속에서 입점 업체들과 상생하기 위해 공항 당국이 할 수 있는 일

아홉 경영구루에게 묻다

을 적극적으로 찾았습니다. 전에
안 해 본 일이라 내부적으로 충
분한 토의 과정도 거쳤어요. 그
런데 고객인 입점 업체들이 감동

하고 결속력이 생기는 것을 지켜보면서 우리 직원들도 자부심이 생겼습
니다. 마인드의 전환이 일어난 겁니다. 이런 일을 겪고 나면 상생에 대
한 학습이 이뤄집니다. 유사한 상황이 닥쳤을 때 어떻게 대처할지 노하
우가 생기게 마련이죠.

2010년 4월 아이슬란드 화산 폭발로 화산재가 유럽 하늘을 온통
뒤덮었을 때의 일입니다. 일부 국가의 영공이 폐쇄되고 대부분의 공항
에서 항공기 결항이 속출했죠. 승객들은 며칠씩 공항에 발이 묶였습니
다. 우리는 객지에서 고생하는 이 사람들에게 빵과 음료수를 제공하고
실내 온도도 맞춰줬습니다. 경비업체와 청소용역업체 사람들도 이들에
게 편의를 제공하려고 애썼죠. 이들은 돌아가서 감사의 메일을 띄웠습
니다. 이런 게 바로 사람 사는 모습이죠. 사람의 향기라고 할까요? 아,
당시 항공사들은 주기장 사용료를 깎아줬습니다.

우리는 덤핑을 막기 위해 최저가 낙찰을 하지 않습니다. 예를 들
어 경비업체를 선정하면서 최저가 낙찰 방식으로 하면 해당 업체 직원
들이 급여를 제대로 못 받습니다. 그러면 구조적으로 상생이 위협을 받
을 수밖에 없어요. 그래서 입찰 때 일정 수준 아래로 가격을 적어 내면
배제시킵니다.

지역에서는 할머니, 할아버지 등 주민들을 초청해 공항 투어를
시켜드리고 전망대로 안내합니다. 이렇게 한번 돌아보고 나면 공항을
만들 당시 땅을 빼앗겼다고 생각하던 분들도 세계적인 공항이 들어선

이채욱의 존경받는 기업론

것에 자부심을 느끼는 듯합니다. 이 밖에 문화복지관도 짓고 자사고도 설립했어요. 이렇게 지역사회와 소통하다 보니 공항에 대해 부정적인 현수막이 마을에서 자취를 감췄습니다.

이와 함께 떼법도 사라졌습니다. 과거 환경단체, 문화재 단체 등 각종 사회단체에서 찾아와 자주 시위를 벌였습니다. 그러면서 사장을 만나겠다고 하면 공사 직원들은 이들을 만류하느라 쉬쉬하면서 요구 조건을 들어주곤 했어요. 진짜 문제가 있으면 사장이 만나야죠. 합리적이고 정당한 요구는 수용해야 하고요. 그런데 막상 들어보니 불합리한 요구가 많았습니다. 그래서 "시위는 얼마든지 해도 좋지만 불합리한 요구는 들어줄 수 없다"고 못 박았습니다. 또 "시위 도중 위법 행위를 하면 즉각 고발하겠다"고 했습니다.

지역 주민들이 34일간 천막농성을 벌인 일이 있습니다. 불합리한 요구를 하기에 무대응으로 일관했더니 나중엔 주동자가 사장을 5분만 만나게 해 달라고 하더군요. 차 한잔 하고 난 그가 "요구사항을 적극 검토해 달라"고 하고는 돌아갔습니다. 사람들에겐 이렇게 말하더군요. "내가 사장을 만났는데 공사 측이 적극 검토하기로 했습니다. 해산."

2010년 봄엔 인천공항 자원봉사단을 만들었습니다. 현재 305명이 활동 중인데 연간 3만 원씩 회비 내고 활동합니다. 보육원, 양로원 등을 찾아 연탄 배달, 목욕시키기, 영정사진 찍어 드리기 등 몸으로 때우는 봉사를 하죠. 보육원 봉사는 보통 50명가량이 가는데 늘 신청자가 넘칩니다. 유일한 보상은 봉사활동을 통해 누리는 즐거움과 감동이죠. 부족한 활동비는 제가 외부 강연 다니면서 받은 강연료로 충당을 합니다.

봉사단장에게 "돈이 부족하면 내가 채우겠다. 활동비가 남아돈다면 당신이 일을 제대로 안 한 것"이라고 말해줬습니다.

남을 직접 도와본 적이 없는 사람은 리더가 될 수 없습니다. 사회봉사는 모든 리더들이 치러야 할 일종의 통과의례라고 할 수 있어요.

　2009년 봄 저는 CEO 100명에게 평소 교분이 있는 CEO 가운데 인맥 관리를 잘하는 사람을 추천해 달라고 요청했습니다. CEO를 대상으로 한 이메일 서베이를 통해서였죠. 당시 가장 많은 지목을 받은 CEO가 이채욱 사장입니다. CEO들 사이에서 인맥 관리에 능하기로 정평이 난 이영관 도레이첨단소재 사장은 당시 그를 이렇게 평했습니다.

　"이 사장을 한 번 만나면 다 그의 팬이 됩니다. 열정적이고 담백하고, 무엇보다 사람이 진실하기 때문이죠."

　이 사장의 네트워킹 비결 중 하나가 좋은 평판을 얻으려고 노력하는 것입니다. 말하자면 "그 사람 어때" 하는 '평판 조회'에서 낙마하지 말아야 한다는 거죠. 이런 생각을 그는 "궐석재판의 승자가 돼라"고 표현합니다. 그의 이야기를 들어보죠.

　"사람은 누구나 자기가 없는 자리에서 '궐석재판'을 받습니다. 이때 긍정적으로 얘기해줄 사람이 많아야 합니다. 그런데 언제 어느 자리에서 누가 자기 이야기를 할지 모르잖아요? 결국 주변의 모든 사람과 좋은 관계를 맺는 수밖에 없어요."

　수시로 오가는 뒷담화에서 좋은 점수를 따려면 평소 사람들을 진솔하게 대하는 길밖에 없다는 것이죠. 네트워킹에 왕도란 없다는 뜻입니다. 그는 있을 때 잘해야 없는 데서도 내 편이 돼준다고 말합니다.

　이 사장은 평소 화를 잘 내지 않는다고 합니다(제가 비서에게 확인했습니다). 인천국제공항공사에 부임한 후 직원들에게서 자주 받는 질문 중 하나도 화를 안 내는 노하우가 무엇이냐는 것이라고 하더군요. 물론 그라고 화나는 일이 생기지 않는 건 아니겠죠. 그의 노하우는 화는 내지 않고 상대방에게 화가 났다는 사실만 알려주는 겁니다. 보통 화가 나면 굳이 표현하지 않더라도 상대방이 알아채기 마련이니까요.

　그가 GE코리아 CEO로 있을 때의 일입니다. 어쩌다 여비서가 일을 잘못 처리하면 그는 "오늘부로 GE에서의 근무 기간을 일주일 단축하겠다"고 조크를 했다고 합니다. 칭찬할 일이 생기면 반대로 "GE에서의 근무 기간을 닷새 연장하겠다"고 했습니다. 처음엔 무슨 말인지 못 알아듣던 비서가 나중엔 "이번엔 닷새가 아니라 열흘 연장시켜줘야 한다"고 응수하기도 했다더군요. 이 사장의 화법에 적응해 나름대로 응용을 하게 된 것이죠.

　같은 자극을 받더라도 이렇게 달리 반응할 수 있습니다. 말처럼 쉬운 일은 아니죠. 그래서 그는 '화 잘 내는 사람은 인간성에 문제가 있는 사람'이라고 자기 최면을 걸었다고 합니다. 또 공식적인 자리에서도 수시로 "화를 잘 내는 사람은 인간성에 문제가 있다"고 공언을 했다고 하더군요. 그래 놓고 화를 내면 자신의 인간성에 문제가 있다고 스스로 인정하는 꼴이 되는 거죠.

05
박용만의 구조조정론
구조조정은 미래가치를 올리는 기법

박용만 두산 회장은 고 박두병 두산 초대 회장의 5남입니다. 두산의 모태인 국내 최초의 근대적 상점 '박승직 상점'까지 소급하면 3세 경영인이죠. 박 회장은 오너 경영인이지만 전문경영인을 자처합니다. 확실히 그는 회사가 나아갈 큰 방향만 제시하거나 인사권을 지렛대로 경영진을 원격 조종하는 전통적인 오너와는 다릅니다.

박 회장은 두산그룹의 구조조정을 주도했습니다. 15년에 걸친 일련의 구조조정으로 국내 최고의 기업 두산은 소비재 그룹에서 중공업 그룹으로 대변신했습니다. 매출액은 외환위기 이후 11년 동안 6.3배 규모로 성장했죠. 구조조정 전문가인 박 회장은 구조조정을 '기업의 미래가치를 끌어올리는 모든 기업 활동'으로 정의합니다. '미스터 M&A'로 통하는 그는 기업 인수합병(M&A)을 정상적인 경영의 수단으로 정착시켰다는 평가를 받습니다.

소통에 능한 박 회장은 팀플레이형 리더십을 발휘합니다. 그가 주도해온 두산의 M&A는 철저한 팀플레이였죠. 열 명 안팎의 핵심 멤버는 모두 자기 분야에서 내로라하는 전문가로, 서로 수평적인 관계를 유지합니다. 그는 이들에 대해 '나를 포함해 원탁에 둘러앉은 사람들'이라고 표현합니다. 그는 팀플레이 문화를 조직 전체에 확산시키고 있습니다. 이런 팀 운영 방식이 DNA로 내장될 때 전체 조직의 경쟁력이 강화된다고 그는 말합니다.

그는 드라마에 나오는 권위적인 대기업 오너 회장과도 다릅니다. 두산의 젊은 직원을 비롯해 서른 살 아래의 트친(트위터 친구)과도 민낯으로 소통하는 그는 젊은 세대 사이에서 인기가 높습니다. 가히 재계 트위터리안의 지존이라 할 만한데요. 트위터를 통해 대기업 오너와 일반인 사이의 심리적 거리를 단축시켰다는 평가를 받기도 합니다.

그는 〈나는 가수다〉, 〈위대한 탄생〉 등 텔레비전 오디션 프로그램의 열성 팬입니다. 두어 달에 한 번꼴로 록 콘서트장을 찾아 땀에 젖을 때까지 흔들어대는 록 마니아이기도 하죠. 두 시간 반가량 하는 콘서트 때 그는 티셔츠에 운동화를 신고 거의 두 시간 정도를 일어나서 춤을 춘다고 합니다. 명색이 대기업 오너 회장인데 민망하지 않을까요? 남의 시선에 개의치 않는다는 그는 "콘서트장에서는 춤을 추는 게 옳은 행동"이라고 하더군요.

구조조정은 축소지향적인 변신이 아니다

Q 구조조정의 귀재로서 구조조정을 어떻게 정의합니까? 구조조정을 왜 해야 하며, 어떤 상황에서 해야 하나요? 구조조정은 모든 기업이 상시적으로 해야 합니까? 구조조정과 M&A는 어떤 관계가 있나요?

A 구조조정이란 기업의 미래가치를 끌어올리는 기업 활동을 총체적으로 일컫는 말입니다. 방법론상 유기체적organic인 방법과 비유기체적인 방법이 있는데, 비유기체적인 구조조정이 바로 기업을 사고파는 M&A죠. M&A는 말하자면 구조조정의 주요한 수단이라고 할 수 있습니다. 구조조정의 목적과 시기, 구조조정의 핵심적 도구인 M&A, M&A의 관건인 합병 후 통합PMI, 구조조정에 필요한 리더십, 상시적인 구조조정 시대의 인재상 순으로 구조조정 이야기를 해보려고 합니다.

우선 구조조정이라는 용어와 관련한 두산의 '원죄'부터 고백하고 싶군요. 흔히 구조조정이라고 하면 축소지향적인 변화로 받아들이는 경향이 있는데 생존을 위해 기업과 자산을 매각한 두산의 1차 구조조정과 무관치 않습니다. 10여 년 전 우리는 한국네슬레, 한국 3M, 한국코닥 등을 매각하고 본사 빌딩과 OB맥주 영등포공장을 팔아치웠습니다. 차입금 구조, 맥주시장의 경쟁상황 등을 따져보니 두산의 미래가치가 당초 우리가 전망한 대로 성장할 것 같지 않았기 때문이죠. 실은 매출 둔화로 미래가치가 떨어져 막대한 차입금을 감당할 수 없을 것이라는 게 당시 우리의 판단이었습니다. 이런 위기감에서 1995년 11월 1차 구조조정 계획을 발표했습니다. 그런데 이런 일단의 활동을 국내 최초로 구조조정이라고 명명한 겁니다. 서양의 다국적 기업들이 하는 리스트럭처링을 이렇게 번역한 것이죠. 그 바람에 구조조정 하면 팔고 줄이는 것이란 인식이 생겨났습니다. 그러나 4차에 걸친 두산 구조조정의 전 과정을 놓고 보면 사업의 포트폴리오가 재편되기도 했지만 엄청난 확장이 일어났습니다. 구조조정은 축소지향적인 변신이 아니라는 거죠.

구조조정은 왜 하는가? 구조조정의 목적은 기업의 미래가치를 극대화하는 것입니다. 그런데 사업을 하다 보면 당초 예측한 미래가치를 달성하기 어려운 쪽으로 환경이 바뀌거나 또는 미래가치를 더 끌어올릴 필요가 생깁니다. 그래서 구조조정을 하게 되죠. 구조조정의 주요 변수로는 경기 사이클의 변동, 경쟁사가 주도하는 경쟁상황의 변화, 기술의 발전 등이 있습니다.

먼저 경기 사이클이 불황으로 가는 경우를 살펴보겠습니다. A사가 5년 후 기업 가치를 1조 원으로 전망했다고 가정해 보죠. 그런데 이 회사가 영위하는 사업이 저성장 불황기로 접어들 것 같습니다. 이렇게

아홉 경영구루에게 묻다

되면 미래의 수익가치가 줄어들 수밖에 없어요. 이때 미래의 수익가치를 유지하고 더 나아가 키우려면 선제적으로 비용을 낮춰야 합니다. 수익성을 떨어뜨릴 것 같은 특정 사업을 포트폴리오에서 배제할 수도 있겠죠. 경기 순환의 악영향을 차단한다는 점에서 방어 목적의 구조조정이라고도 할 수 있습니다.

그런데 이번엔 경쟁상황에 변화가 생겼습니다. A사와 경쟁관계에 있는 미국 기업 B사가 생산 거점의 상당 부분을 멕시코로 옮기기로 한 것입니다. 임금이 낮은 멕시코에서 같은 제품을 만들어 팔면 원가의 구조를 바꿀 수 있기 때문이죠. 경쟁사가 생산 방식을 바꾸어 시장 질서를 바꿔놓기로 한 겁니다. 이에 따라 B사의 시장점유율이 높아질 것으로 예측되는 상황에서 A사는 중국의 공장을 인수해 생산시설 일부를 그쪽으로 이전하기로 결정했습니다. 이렇게 빠져나간 공장엔 고부가가치 제품의 라인을 깔기로 했죠. 이때 외부의 중국 공장을 사들이는 것이 비유기체적인 구조조정, 내부적으로 국내 사업을 일부 철수시키고 고부가가치 제품에 진출하는 게 유기체적인 구조조정입니다.

셋째로 기술 발전에 따른 구조조정을 예로 들어보죠. 앞으로 새로운 기술이 나와 훨씬 적은 비용으로 같은 제품을 생산할 수 있을 것으로 보입니다. 막대한 선투자를 해야겠지만 이 기술을 도입하면 경쟁시장에서 유리해지죠. 이 기술이 상용화되는 데는 3년이 걸릴 것 같습니다. A사는 미래가치를 끌어올리기 위해서 지금부터 현금 비축에 들어갑니다.

비용 절감이든, 생산기지 이전이든, 기술 투자든 구조조정은 이렇게 미래의 가치를 내다보고 선제적으로 벌이는 활동이라는 공통점이 있습니다.

구조조정은 언제 하는가? 구조조정은 상시적으로 하는 겁니다.

CEO를 정점으로 하는 경영진은 현재 수익관리는 물론이고 미래의 수익관리도 해야 합니다. 어떻게 보면 현재의 기업가치를 보호하는 것보다 미래의 가치를 보전하는 것이 더 중요하다고 할 수 있습니다. 경영진에 대한 보상체계에 장기 공헌에 대한 인센티브를 포함시키는 것도 바로 이 때문이죠. 대표적인 게 스톡옵션입니다. 회사의 미래가치를 끌어올리고 그것이 주가에 반영됐을 때 그 차액을 보상으로 받는 게 스톡옵션이거든요. 미래의 수익가치를 선제적으로 현재에 보전하는 활동에 대해 보상하는 것이죠. 경영진이 상시적으로 미래가치를 보전 내지 높이는 활동을 하려면 구조조정이 항상 현재진행형으로 일어나야 합니다.

구조조정 업무 수행에 필요한 자질로는 팩트 베이스로 판단하는 능력, 냉철한 자세, 일관성 등을 꼽을 수 있습니다. 이 가운데 현재 시점에는 존재하지 않는 미래 사업의 가치를 팩트에 근거해 판단하는 능력이 가장 중요합니다. 대체 팩트를 근거로 하지 않는다면 무엇이 기준이 될 수 있을까요? 지나친 기대, 직관, 감상 그리고 기업 내 성역 같은 것들이 개입할 수 있습니다. 저는 트위터를 통해 익명의 사람들과 소통하는 것을 좋아합니다. 무엇보다 재미있기 때문이죠. 그렇다고 어느 날 정보기술IT 사업에 진출하겠다고 나서면 곤란합니다. 미래가치를 높이려고 애써 구축한 포트폴리오를 제가 해보고 싶다고 해서 뒤흔들어서는 안 된다는 겁니다. 기업 활동에 요행이란 없으니까요.

고통을 감내하기 위해서는 냉철한 자세가 필요합니다. 구조조정으로 변화가 일어나면 필연적으로 고통이 따릅니다. 사고방식과 일하는 방식을 바꾸는 것 자체가 고통스러운 과정이죠. 있는 것을 내다파는 일은 물론이거니와 익숙하지 않은 것을 다루는 일도 얼마간 고통을 수반합니다. 냉철하지 않은 사람은 이때 고통을 회피하는 방향으로 운신하게

아홉 경영구루에게 묻다

마련입니다. 그 결과 애초에 예측한 수준의 미래가치를 실현할 수 없게 되죠.

일관성이 없으면 미래가치를 현실로 만들어가는 과정에서 동력이 떨어지거나 중도에 포기할 수 있습니다. 무엇보다 CEO가 자기 기만을 경계해야 합니다. 자기 경계에 자신이 없으면 시스템을 만들고, 혼자서 할 게 아니라 팀을 구성해야죠. 아래서 올라오는 건강한 의견을 여과 없이 수용할 수 있는 창구를 개설하는 것도 필요합니다. 그런데 남의 말을 잘 안 듣는 사람은 이런 보완 장치를 만드는 것도 싫어하더군요.

M&A는 첫째도 준비, 둘째도 준비, 셋째도 준비

Q 구조조정의 핵심적 도구가 M&A라고 했는데 지금까지 M&A를 몇 건이나 주도했습니까? M&A를 할 때 고려할 요소는 뭔가요? M&A는 어떻게 준비해야 하고, 준비 과정에서 가장 중요한 건 뭔가요? 인수 가격은 어떻게 결정하나요? M&A 성공의 조건은 무엇입니까?

A 그동안 제가 주도한 두산의 M&A 건수가 인수 케이스 18건, 매각 15건입니다. 이 가운데 해외 기업 인수가 8건입니다. 인수 기업은 지금 모두 잘 돌아갑니다. 무엇보다 PMI 과정에서 옛 제도를 혁파하고 우리 인사제도를 이식한 덕이죠. 두산의 인사제도를 도입하고 나면 피인수 기업 측에서 "어떻게 이런 인사제도를 갖췄느냐"고 놀라워합니다.

2003년 대우종합기계(박 회장이 회장을 겸직하고 있는 두산인프라코어의 전신) 인수 검토를 시작할 무렵 두산그룹의 10년 후 미래상을 그려 봤습니다. 당시 두산에 합류한 지 7~8년 이하인 사람의 비율이 전체의

90퍼센트가 넘을 것으로 예측됐습니다. 이들의 행동을 통일하고 두산의 가치관을 공유하게끔 하려니 세 가지가 필요했어요. 그중 하나가 구성원의 역량과 성과를 평가·보상하는 인사제도였죠.

인수를 위한 M&A를 할 때 가장 우선적으로 고려할 요소는 해당 기업을 사들이는 목적이 분명한가입니다. 그렇지 않으면 자칫 인수를 위한 인수, 즉 인수 자체가 목적인 M&A가 되어버릴 수 있습니다. 한마디로 사활을 건 인수 같은 건 해서는 안 됩니다. 이런 인수는 잘되면 살고 안 되면 죽는 것인데, 말하자면 주주의 이해에 반하는 비도덕적인 경영 행위라고 할 수 있죠. 인수 목적이 뚜렷해야 감내할 수 있는 선의 인수 비용도 책정할 수 있습니다.

두번째, 해당 기업을 인수함으로써 사전에 예측한 수준의 핵심 가치를 실현·유지할 수 있어야 합니다. 그러자면 해당 기업의 수익성과 성장성은 물론 기술, 시장, 경영진에 대한 검토까지 사전에 이루어져야겠죠. 마지막으로 합당한 수준의 가격입니다. 이때 객관적으로 타당한 가격 같은 건 없습니다. A사의 경우 자사의 역량과 시너지 효과를 고려할 때 200만 원의 미래가치를 실현할 수 있다면 50만 원의 추가 수익을 기대하고 150만 원이라고 적을 수 있습니다. B사의 경우 160만 원까지밖에 올릴 수 없다면 인수 가격을 110만 원까지밖에 쓸 수 없겠죠. 인수 대상 기업은 동일하지만 적정 가격은 이렇게 40만 원의 격차가 날 수 있습니다.

기업을 파는 쪽은 가능한 한 많이 받는 게 좋습니다. 현금으로 환산할 때 가치가 극대화되는 방향으로 협상을 해야죠. 비용 중엔 눈에 보이지 않는 것도 있습니다. 가령 고용 승계가 다 안 될 경우 필연적으로 비용이 발생할 수밖에 없어요. 그래서 고용 승계가 안 되면 매각이 무산

된다는 조건을 붙이기도 합니다.

M&A를 어떻게 준비할 것인가? M&A를 상시적으로 할 계획이라면 상설 조직을 만들어야 합니다. 그래야 M&A에 대한 지식이 내부에 축적되죠. 또 장래 사업 포트폴리오에 편입하거나 배제할 기업을 실시간으로 업데이트할 수 있습니다. 인수 대상 기업이 확정되면 M&A 거래에 대비해 사전 조사를 합니다. M&A의 성공은 철저한 사전 준비에 달렸다고 해도 과언이 아닙니다. M&A는 첫째도 준비, 둘째도 준비, 셋째도 준비입니다. M&A의 경우 미래가치를 어떻게 증대시키고 보전할 건지 방안을 마련하는 것이 준비 작업의 90퍼센트 이상을 차지합니다.

이때 가치를 정확히 예측하는 것이 중요한데 그러자면 시장점유율, 공장의 효율 등 각종 지수의 민감성을 평가할 수 있어야 합니다. 가령 시장점유율이 1퍼센트 증감할 때 기업 가치가 100만 원 변동하고, 공장 가동률이 1퍼센트 변화할 때 50만 원 움직인다면 시장점유율 쪽이 더 민감성이 높은 지수죠. 이렇게 단위량만큼 변동할 때 기업 가치의 등락폭이 큰 것부터 민감성 인자를 배열해 보는 겁니다. 이런 인자들을 찾아내고 파급 효과의 크기순으로 정리하는 것도 M&A 노하우죠.

M&A는 협상이기 때문에 쌍방 간 이해관계가 충돌할 수밖에 없습니다. 협상팀은 쌍방이 대치할 때 서로 만족하는 창의적인 솔루션을 제시할 수 있어야 합니다. 한두 건의 M&A를 진행할 거라면 상설팀은 필요 없습니다. 그렇더라도 외부의 도움은 받아야죠. 두산의 경우 상설팀이 있지만 회계법인, 법무법인, 컨설팅회사 등 다섯 곳에서 50~60명의 인력을 참여시킵니다.

준비 과정에서 가장 중요한 건 팀워크입니다. 또 인수 협상팀의

박용만의 구조조정론

실무자에서 의사결정자에 이르기까지 정보가 실시간으로 투명하게 흘러야 하죠. 정보의 흐름이 투명하지 않을 때의 문제는 미래가치의 정확한 산정이 이루어지지 않고 결정을 의사결정권자의 직관에 의존하게 된다는 거예요. 그 결과 인수가를 낮게 적어 입찰에서 떨어지거나 너무 높게 써내 낭패를 겪게 됩니다.

비즈니스 이슈를 놓고 토론을 벌일 때는 성역이 있으면 안 됩니다. 회의석상에서 반드시 지적해야 하는 문제가 있는데 의사결정자인 회장을 의식해 그냥 넘어가면 우리 회사는 처벌받습니다. 회장에게 예의를 차리느라 자신의 임무를 다하지 못한 과오를 범했기 때문이죠.

그러면 누가 인수자가 되어야 하는가? 본연의 주인natural owner이 인수하는 게 바람직합니다. 본연의 주인이란 해당 기업을 인수했을 때 그 기업의 미래가치를 가장 높일 수 있는 회사를 가리킵니다. 내가 소유한 어느 기업의 가치를 영구적으로 극대화해 현가로 환산했더니 1억 원인데 누군가 같은 과정을 거쳐 1억5000만 원을 인수가로 제시한다면 그 사람이 바로 본연의 주인입니다. 두산이 '종가집 김치'를 대상에게 넘긴 것도 그래서입니다.

종가집 김치는 대한민국 최초의 포장김치로 시장점유율 1위였지만 우리는 냉장 제품이 김치 한 가지였습니다. 김치만으로는 냉장 운송 트럭을 가득 채울 수 없었습니다. 냉장 트럭 채우자고 제품을 개발할 수도 없었죠. 그래서 햄 등 냉장 식품을 많이 만드는 대상에 매각한 겁니다. 우리로서는 종가집 김치의 미래가치를 아무리 극대화해도 대상이 제시한 인수가를 따라잡을 수 없었거든요.

아홉 경영구루에게 묻다

PMI, 힘으로 밀어붙이는 건 금물

Q M&A의 관건이 PMI *post-merger integration* 라고 했는데 PMI가 뭔가요? PMI의 성공조건은 무엇이라고 보나요? 어떻게 해야 피인수 기업과 인수 기업 구성원 간의 화학적 결합을 이룰 수 있습니까? 피인수 기업의 문화와 색깔은 인수 후에도 유지해야 하나요? 피인수 기업의 구성원들이 떠나겠다면 말려야 하나요?

A PMI는 기업을 인수한 후 해당 기업의 미래가치를 극대화하기 위해 인수 기업 측이 벌이는 활동을 말합니다. 이때 가장 중요한 게 인수 측과 피인수 측 임직원의 지향점과 가치관을 일치시키는 일입니다. 지향점이란 기업의 가치를 극대화하는 과정에서 모두가 동의할 수 있는 사업 목표와 전략을 말하죠. 가치관은 그 목표를 향해 나아가는 과정에서 해당 전략을 구사할 때 바탕이 되는 경영철학이에요. 단적으로 양측이 머리를 맞대고 사업 전략을 짜는 과정에서 이렇게 해야 기업가치가 극대화된다는 것에 피인수 측도 동의하도록 절차를 운용해야 합니다. 또 그런 전략을 잘 운용하고 인수 측의 경영철학과 가치관을 전면 수용할 사람을 피인수 측에서 골라야 합니다. 이렇게 해야 피인수 기업 측 임직원들로서도 지향점이 뚜렷해집니다. 이 지향점에 맞춰 일을 잘할 수 있는 사람들로 피인수 측 경영진을 구성해야겠죠. 거듭 말하거니와 이렇게 지향점과 가치관의 합치를 이루는 게 PMI의 요체입니다.

피인수 측이 동의하지 않는 가치관을 힘으로 밀어붙이는 것은 절대 금물입니다. 강요와 공포에 의한 표면적 동의는 결코 성공할 수 없습니다. 인수 측의 가치관을 수용하는 것이 자신의 이익과 공동선 달성

박용만의 구조조정론

에 필요하다는 인식에 이르러야 합니다. 극단적인 예이지만 가령 인수 팀이 뜰 때 도열해서 인사하지 않았다고 몇 사람 자른다고 칩시다. 다음부터 도열은 하겠지만 그런다고 그게 몸에 배겠습니까?

인수 후 인수 측의 가치는 올라가는데 피인수 측 가치가 훼손돼 기업의 총체적인 가치는 올라가지 않는다면 PMI가 효율적으로 이루어지지 않습니다. 피인수 기업의 가치가 많이 오르지는 않더라도 인수 기업의 가치가 많이 올라 전체 파이가 커지고 그 혜택이 양쪽에 돌아간다면 보통 피인수 측을 설득할 수 있어요.

인수팀의 규모는 정답이 없습니다. 가령 사업적인 지향점은 분명한데 두 기업의 경영철학이 너무 다르다면 사람을 많이 파견해야 합니다. 가치관을 통일하기 위해 모범을 보일 변화의 에이전트를 피인수 기업에서는 구하기가 어렵기 때문이죠. 그러나 사람을 많이 보냈다가는 두 집단 간에 가치관의 괴리가 커 충돌이 일어나겠다 싶으면 적게 파견하는 것이 좋습니다. 요컨대 지향점과 가치관의 일치를 빨리 달성할 수 있는 규모가 적정 규모입니다.

인수팀 규모는 피인수 기업의 크기와도 별 관계가 없습니다. 피인수 기업의 크기보다는 PMI 작업의 수요에 달렸다고 할 수 있습니다. 작업량이 많지 않으면 인수한 회사가 크더라도 적은 인원을 파견할 수 있다는 거죠.

PMI가 성공하려면 피인수 기업이 향후 나아갈 방향에 대해 피인수 측 구성원들의 동의를 얻어야 합니다. 두산이 2007년 미국의 소형 건설장비 업체 밥캣을 인수했을 때의 일입니다. 딜을 끝내자마자 서울로 돌아와 보고를 마친 후 다음 날 다시 미국으로 날아가 현지 임직원들과 1대 100으로 타운홀 미팅을 했습니다. 그 사람들로서는 아시아 기업

이 인수를 했으니 생산시설
을 중국이나 한국으로 옮긴
다든지, 기술을 빼낸 다음
문을 닫는다든지, 대대적인

고용조정을 할지도 모른다는 우려를 했을 거예요. 우리가 인수한 목적
을 몰랐으니까요. 그래서 모기업인 두산인프라코어를 글로벌 톱5 안에
드는 세계적인 건설장비 회사로 만들기 위해 인수했고, 생산시설을 옮
기거나 브랜드를 인위적으로 바꾸는 일은 없을 거라고 명쾌하게 설명했
습니다. 인수 초기에 품을 수 있는 불안감을 해소한 거죠.

피인수 기업과 인수 기업이 화학적 결합을 이루려면 가치관과
이해가 서로 맞아떨어져야 합니다. 인수 측은 이익을 보고 피인수 측은
손해를 보는 구조라면 필연적으로 충돌이 일어날 수밖에 없어요. 그래
서 이해를 일치시켜야 하는데 세계적인 기업으로 만들겠다는 건 강력한
이해의 일치를 지향합니다. 세계적인 기업이 되면 피인수 기업의 구성
원들도 발전과 승진의 기회를 잡을 수 있기 때문이죠. 그런데 만일 세계
적인 기업을 만들겠다고 해놓고 모든 기회를 인수 기업 측이 독점해버
리면 화학적 결합이 일어나겠습니까? 그래서 결합의 과실을 두 조직이
공유하게 될 것이란 믿음이 굉장히 중요합니다. 피인수 기업 사람들로
서도 장밋빛 미래가 너의 이야기가 아니라 우리의 이야기라야 한다는
거죠. 믿음은 화학적 결합의 필수적인 요소입니다.

우리는 PMI 과정에서 피인수 측의 저항을 겪어본 적이 없습니
다. 저항이 생기지 않도록 사전에 과정을 설계하기 때문이죠. 합리적인
계획과 준비 없이 사람 위주로 PMI를 하겠다고 달려들면 저항에 부닥
칩니다. 의사결정자가 직관적으로 저 회사를 인수해야겠다고 마음먹고

박용만의 구조조정론

인수 후 몇 사람 파견하면서 너는 생산 담당, 넌 영업 담당 식으로 하면 반드시 충돌이 생깁니다. 피인수 측에서 보면 잘 알지도 못하는 사람들이 점령군처럼 밀고 들어와 자기들끼리 방향을 정하겠다고 하는데 수궁을 하겠어요?

피인수 기업의 문화와 색깔은 인수 후에도 유지해야 하는가? 조건부 예스입니다. 피인수 기업의 가치 극대화에 긍정적으로 작용한다면 그 문화와 색깔을 굳이 없앨 까닭이 없어요. 인수 측이 이식하려는 문화보다 피인수 측 고유의 문화가 기업 가치의 극대화에 더 바람직하다면 당연히 유지해야죠. 감상적으로 바라보지 않고 시장 중심적으로 접근하면 답이 나옵니다.

피인수 기업의 구성원들이 떠나는 것을 말려야 하는가? 역시 조건부 예스입니다. 피인수 기업의 직원들이 떠남으로써 기업 가치 극대화가 훼손된다면 적극적으로 잡아야죠. 그러나 그렇지 않다면 말리더라도 적극성이 떨어질 수밖에 없겠죠. 두산은 인수 후 사람을 대거 내보낸 적이 없습니다. 피인수 기업의 사람을 활용하는 게 절대적으로 필요하다고 보기 때문이죠.

인사 시스템은 인수 후 철저히 바꿔야 합니다. 인사 시스템이야말로 인수 측의 가치관을 전달하는 통로입니다. 어떻게 평가받고 보상받느냐는 구성원들이 자신의 행동규범을 선택하는 데 결정적인 작용을 합니다.

구조조정 리더는 감상적 태도 버리고 고통과 타협하지 마라

Q 구조조정기 리더는 평상시 리더와 달라야 합니까? 구조조정기

아홉 경영구루에게 묻다

리더가 경계해야 할 것은 무엇입니까? 피인수 기업의 리더는 피인수 기업 안에서 찾는 게 바람직한가요? 일반적으로 CEO에게 필요한 자질은 무엇이며, 다른 조직의 장 말고 CEO에게만 요구되는 자질도 있나요?

A 구조조정에 필요한 리더십에 대해 얘기하기 전에 먼저 CEO 리더십의 일반적 요건에 대해 설명해 보죠. 첫째는 기업가 정신entrepreneurship입니다. 쉽게 말해 CEO는 장사꾼 기질이 있어야 합니다. 둘째, 코칭coaching 리더십입니다. CEO는 야구팀의 코치 같은 존재입니다. 회사가 나아갈 방향과 달성 방안을 제시하고 구성원들의 업무 능력을 향상시켜 조직을 효율적으로 이끌어야 합니다. 또 그 과정에서 구성원들을 학습시키고 육성하되 자신이 함께 그 과정에 참여해야 돼요. 야구팀 코치처럼 구성원과 같이 뛰고 함께 어울려 뒹굴어야 합니다. 이 점에서 CEO는 감독과도 다릅니다. 군림하거나 구성원과 동떨어진 곳에 있어서는 안 된다는 거죠. 셋째, CEO는 혁신성이 있어야 해요. 스스로 혁신적이거나 적어도 혁신적인 아이디어를 받아들이는 수용성이 있어야 합니다. 넷째로 열정이 있어야 합니다. 마치 보일러의 불꽃이 활활 타올라야 방 전체를 데울 수 있는 것과 같은 이치죠. 여기서 열정이란 다혈질이거나 불 같은 성격을 말하는 게 아닙니다. 순수한 열정이란 위험회피 수단까지 마련해 가면서 어떤 목표를 향해 끝까지 포기하지 않고 나아가는 성향을 가리킵니다. 그래서 이런 열정을 갖춘 CEO 가운데는 오히려 성격이 차분한 사람이 많습니다. 마지막으로 CEO는 도덕성이 필수적입니다. CEO로서 혁신성, 열정 등의 특성, 심지어 장사꾼 기질마저도 상대적으로 남보다 더 잘 갖추거나 덜 갖출 수 있지만, 정직성과 투명성이 결핍된 사람은 CEO가 될 자격이 없습니다. 가령 코칭 리더십은

박용만의 구조조정론

열심히 연마해서 갖출 수 있지만 도덕성은 함양되는 게 아닙니다. 장사꾼 기질을 제외한 나머지는 CEO뿐 아니라 모든 리더에게 요구되는 자질이라고 할 수 있겠군요. 그러나 CEO라면 반드시 장사꾼 기질이 있어야 합니다.

구조조정기의 리더는 이 일반적 특성 외에 세 가지를 더 갖춰야 합니다. 우선 팩트 베이스로 판단하는 능력입니다. 구조조정기에는 변화를 겪게 마련이고 모든 변화는 고통을 수반합니다. 고통스러운 데다 불확실성마저 커지죠. 그래서 팩트를 기반으로 문제를 파악하고 소통하는 능력이 중요합니다. 둘째, 우선순위를 판단할 줄 아는 안목과 우선순위가 높은 것에 자원을 집중시키는 실행력이 있어야 합니다. 구조조정기에는 모든 일을 완벽하게 처리할 수 없고, 모든 사람이 행복할 수도 없습니다. 구조조정은 기업 가치를 높이기 위한 활동이지만 그 과정에서 리스크가 증가하기도 하고 심지어 조직이 흔들릴 수도 있어요. 그럴수록 선택과 집중이 필요하죠. 마지막으로 솔선수범의 자세가 필수적입니다. 구조조정기는 힘든 시간입니다. CEO가 동참하고 솔선수범하지 않으면 리더십을 발휘할 수가 없습니다.

구조조정기의 리더가 경계할 것은 무엇인가? 바로 감상적인 태도입니다. 변화의 방향성을 제시하면 변화를 적극적으로 수용하는 사람도 있지만 거부하는 사람도 나옵니다. 심지어 어떤 사람은 변화를 폄훼하기도 합니다. 그 결과 타협과 양보도 하고 그 사람들을 포용하게 됩니다. 문제는 어디까지 양보하느냐인데, 너무 많이 양보하면 변화를 지지하던 사람들이 등을 돌리게 되죠. 독선적이어서는 안 되겠지만 반대자들을 포용하느라 너무 큰 희생을 치러서도 안 됩니다.

구조조정의 콤플렉스에 빠져서도 안 됩니다. 군살을 빼는 과정은 힘겹지만 그 고통을 감내해야 합니다. 인정할 건 인정하고 받아들일 건 받아들여야 해요. 그런데 장밋빛 청사진을 걸고, 최첨단 그룹으로 다시 태어나기 위한 통과의례인 양 페인트칠을 합니다. 근거 없는 희망을 제시하는 거죠. 구조조정을 이렇게 잘못 포장하면 구성원들의 에너지만 낭비하고 결과적으로 고통스러운 과정을 연장하게 됩니다. 발전적인 구조조정을 하더라도 방향과 로드맵을 제시해 단계별로 행동 통일이 이루어지도록 해야 합니다. 한편 조직 안에 성역이 생기는 걸 막고 일관성을 유지해야 합니다. 성역은 팩트를 가리게 되고, 결국 나머지 영역마저 무너뜨리고 말죠. 일관성을 유지하려면 고통 회피적인 타협의 유혹에 휩쓸리지 말아야 합니다.

개혁에 피로가 따르듯이 구조조정도 피로감을 몰고 올 수 있습니다. 그런데 구조조정의 피로감은 구조조정 자체를 완화한다고 가시는 게 아니에요. 방법은 하나밖에 없는데, 구조조정에 집중해 목표한 기간 안에 성과를 내는 것입니다. 확실한 성과를 거두고 구성원들이 그 성과를 체감할 때 비로소 구조조정의 피로감에서 벗어날 수 있습니다. 구조조정을 완화했다가는 피로감을 느끼는 기간만 연장할 뿐입니다.

구조조정엔 저항이 따릅니다. 업무 역량이 낮은 사람들이 감정적인 저항을 지속할 땐 조직에서 배제해야겠지만 업무 역량이 높은 사람들이 저항하면 설득하고 포용해야 합니다. 이론적으로야 모든 사람을 포용하고 구조조정도 효율적으로 추진하는 게 바람직하지만 현실에서 그런 사례를 찾기란 쉽지 않습니다.

M&A 후 PMI 작업을 하는 리더에게는 조직 장악력과 포용력이 상당히 중요합니다. 피인수 기업은 구성원의 불안감이 확산되는 속도가 빠릅니다. 저항이 촉발되기도 쉽죠. 그래서 불도저형이나 독불장군 스

박용만의 구조조정론

타일은 잘 맞지 않습니다. 피인수 기업의 리더는 피인수 기업 자체에서 나오는 게 바람직합니다. 피인수 기업이 영위하는 비즈니스와 그 조직을 잘 알기 때문이죠. 피인수 기업 출신이 경영을 맡으면 조직이 빨리 안정되는 데도 유리합니다. 그동안 두산의 M&A 경험에 비추어보면 리더가 피인수기업에서 나온 케이스가 절반입니다. 바깥에서 들어간 사람은 조직의 '유산'에서 자유롭기 때문에 조직을 변화시키는 데 유리하죠. 우리가 피인수 기업에서 조직적 저항에 부닥치지 않은 것은 이 문제에 유연하게 대처했기 때문입니다. 우리는 피인수 기업의 가치를 끌어올리기 위한 변화를 주도하고 조직을 안정시킬 사람이 누구인가에 주목하지 인수 기업 출신이냐 피인수 기업 출신이냐를 따지지 않습니다.

CEO는 인사관리에 자기 시간의 60퍼센트를 투입하라

Q 상시적인 구조조정 시대의 인재상은 무엇인가요? 10여 년에 걸친 구조조정에 성공한 두산 사람들만의 DNA가 있나요? 이제 두산은 명실상부한 글로벌 기업인데 글로벌 기업의 구성원이 갖춰야 할 자질은 무엇인가요? CEO는 인사 및 인력개발에 시간을 얼마나 투입해야 하나요? 인사관리에서 이른바 스펙은 얼마나 중요합니까?

A 두산 사람들은 일곱 가지 기질적 특성이 있습니다. 이런 기질이 두산의 구조조정을 성공시켰다고 봅니다. 첫째로 우리는 눈높이가 상당히 높습니다. 구조조정 초기 회사를 팔기 시작했을 때 거래 상대방이 코카콜라, 네슬레, 코닥 같은 세계적인 기업들이었습니다. 그쪽 사람들과 대화하다 보니 그들의 수준이 우리가 당연히 맞춰야 할 기준처럼

아홉 경영구루에게 묻다

돼버렸죠. 발전적인 변화를 추구하는 과정에서 힘들기도 했지만 이렇게 높은 눈높이가 지속적으로 우리를 끌어올리는 동력이 됐습니다. 둘째로 우리는 불가능을 전제로 하지 않습니다. 그래서 한국중공업(두산중공업의 전신)을 인수한 후 인사제도를 완전히 뜯어고쳤고 해외 계열사를 사들일 때도 파격적인 시도를 많이 했습니다. 두산에서 "그거 안 될 텐테" 했다가는 이상한 사람이 됩니다.

　셋째로 두산엔 성역이 없습니다. 여러 번 강조했거니와 모든 의사결정이 팩트 베이스예요. 중요한 의사결정을 해야 하는데 관련 팩트가 깔끔하게 드러나지 않으면 그 일을 추진한 실무자가 불이익을 당합니다. 냉철하게 팩트 베이스로 보지 않으면 리스크가 커집니다. 리스크는 전체가 분담해야 할 고통이죠. 성역을 무너뜨리는 일은 최고경영자들이 많이 했습니다. 그룹의 간판 기업을 내다 팔았고, 회장이 앉아 있는 빌딩을 가장 먼저 팔았습니다. 선대가 물려준 건 특정 제품이나 특정 기업이 아니라고 생각했기 때문이죠. 우리가 물려받은 건 사업을 일으켜 성공적으로 이끌어가는 기업가 정신입니다. 넷째로 선택과 집중입니다. 업종 변경 같은 파격적인 결정과 시도를 하려면 가용자원을 총동원해야 합니다. 우선순위가 도출되면 마치 벌떼처럼 달려들어 문제를 해결하죠. 모든 것을 완벽하게 처리하려 했다면 지난 10여 년간의 변화를 이루지 못했을 겁니다. 제때에 중요한 단추를 찾아 눌러야 합니다.

　다섯째로 기동성입니다. 전략적인 분석을 토대로 우선순위를 매기고 그 우선순위에 따라 우리가 보유한 경영자원을 효율적으로 투입합니다. 이런 전략경영 프로세스는 해외 계열사들도 못 따라옵니다. 해외 계열사를 인수해 전략경영을 시켜보면 거의 대학원생과 유치원생 정도의 격차가 납니다.

박용만의 구조조정론

여섯째로 사람 중심입니다. 사람이 성장해 사업 기회를 만들어내고, 그에 따라 사업이 성장하면 다시 사람이 성장하는 기회가 만들어지죠. 이 두 개의 성장이 선순환을 이루도록 하자는 게 두산의 2G Groth of People, Groth of Business 전략입니다. 아이템을 잘 잡은 사업은 해당 아이템이 외면당하면 무너질 수도 있지만 사람을 잘 잡으면 아이템을 계속 바꾸어가면서 회사가 성장할 수 있습니다.

마지막으로 인화입니다. 한마디로 공정한 화목이죠. 피인수 기업들이 두산과 빨리 융화하는 데도 인화라는 경영철학이 큰 도움이 됐습니다. 두산인프라코어(대우종합기계의 후신)가 두산의 일원이 된 지 십수 년 된 것 같지만 실은 7년밖에 안 됐습니다.

글로벌 기업의 구성원은 글로벌 시민이 돼야 합니다. 그러자면 자신의 생각에서 국적을 탈색해야 해요. 한국적인 것이 늘 옳은 건 아니거든요. 단적으로 우리나라는 배타적인 성향이 강하고 문화적인 수용성도 떨어집니다. 유구한 역사에 빛나는 단일민족이라는 우리의 자산이 안 좋은 쪽으로 발현된 경우죠. 우리나라 사람들은 더 열려야 합니다.

미국 소형 건설장비 업체 밥캣을 인수한 후 8개 국어로 번역한 회사 브로슈어, DVD, 선물 등을 포장해 전 세계에 배포했습니다. 그때 우리 스태프 중 한 사람이 한국을 소개하는 좋은 책자를 포함시키자고 했습니다. 그래서 물었죠. 그렇게 하면 뭐가 좋은데요? 사람들이 우리를 더 잘 이해하게 되지 않겠느냐고 하더군요. 그래서 다시 물었죠. 우리를 이해하면 뭐가 좋죠? 우리를 이해시키려 드는 건 우리 방식대로 하면서 우리를 이해해달라는 겁니다. 기업에서 중요한 건 목표, 전략, 실행, 성과, 평가 등입니다. 국적이나 언어와 상관없는 것들이죠. 한국 기업의

아홉 경영구루에게 묻다

경쟁력은 한국적인 게 아니라 그동안 우리 기업들이 보여준 목표 지향성, 저돌성, 근성, 근면성 등입니다.

그런데 '인화'는 번역하지 않고 그냥 'Inhwa'로 쓰도록 했습니다. 영어로 하면 하모니인데, 두산의 100년 경험이 녹아 있는 인화의 함의를 담기엔 부적합했기 때문입니다. 화목으로 번역되는 하모니는 결과로서 얻어지는 것이죠. 화목은 혈연, 지연, 학연을 통해서도 이룰 수 있어요. 반면 두산의 인화는 공정한 룰에 따라 조직을 운영하는 과정을 포함합니다. 이렇게 조직을 운영할 때 구성원들이 서로에게 당당할 수 있고 그래야 비로소 진정한 인화가 이루어집니다. 윗사람에게 하고 싶은 이야기가 있어도 참아야 하는 화목이라면 결과적으로 인화를 해치게 마련이죠. 진정한 인화는 진정한 팀워크로 이어지고 좋은 성과를 낳습니다.

CEO는 인사관리에 자기 시간의 60퍼센트를 투입해야 합니다. 그런데 저도 그렇게는 못합니다. 최고로 투입했을 때 내 시간의 48퍼센트까지 써봤습니다. 물론 인사관리만 잘한다고 다 되는 건 아니죠. CEO로서 사업을 꿰고 있는 건 기본이에요. 사업을 모르고는 인사관리도 제대로 할 수 없습니다.

스펙은 과거의 행적을 통해 미래의 성과를 가늠해 보는 지표 구실을 합니다. 미래의 역량을 쌓기 위해 과거 어떤 노력을 기울였는가를 객관적으로 보여줄 뿐 스펙이 미래의 성과를 담보하는 건 아니죠. 물론 스펙을 위한 스펙은 예외고요. 이런 스펙은 말하자면 화장발 같은 거예요.

같은 값이면 다홍치마라고 다른 조건이 같다면야 기업으로서는 스펙이 더 좋은 사람을 쓰겠죠. 그러나 회사의 문턱을 넘는 순간 스펙의 격차는 거의 무의미해집니다.

박용만의 구조조정론

2010년 가을 박용만 두산 회장과 인터뷰했을 때의 일입니다. 박 회장의 미국 출장이 하루 연장되는 바람에 그가 인천공항에서 도착하자마자 인터뷰를 하기로 했습니다. 저는 두타 33층에 있는 박 회장의 사무실에 도착해 그를 기다렸습니다. 마침 퇴근시간이라 공항에서 시내로 들어오는 길은 막혔고, 장기출장의 여독도 풀기 전 인터뷰에 응해야 하는 그에게 문득 미안한 생각이 들었습니다. 차 안에서 그는 예의 트윗질을 하고 있었습니다. 서로 맞팔을 하고 있는 저는 그에 대한 미안한 마음을 트위터에 이렇게 올렸습니다.

"저희 종족이 본래 염치가 없습니다."

전망 좋은 그의 방에서의 인터뷰는 길어졌고, 우리는 이태원의 한 부대찌게 집으로 옮겨 김병수 두산 홍보실장까지 셋이서 소주를 한 잔 걸쳤습니다.

그 후 세계경영연구원으로부터 '기업의 성장통에 대처하는 CEO의 리더십'이란 주제로 원고를 청탁받았습니다. 추석 연휴가 겹친 데다 일이 몰려 마감을 미룬 끝에 박 회장을 비롯한 몇 사람의 CEO에게 간단한 이메일 인터뷰를 요청했습니다. 다음날, 늦어도 다음다음 날 오전까지는 답변해 달라는 무례한 부탁이었죠. 박 회장에게는 이렇게 한 줄 덧붙였습니다.

"일전에 말씀드린 대로 저희 종족이 본래 염치가 없습니다."

아래는 박 회장이 보낸 답장입니다.

"다음 중 소속을 밝히시지요. 1. 말갈, 2. 흉노, 3. 돌궐, 4. 거란, 5. 여진. 내일 해드릴게요."

졸지에 오랑캐로 몰렸지만 빙그레 미소 짓지 않을 수 없더군요. 이런 게 유머의 힘이죠. 그 후로 오랑캐는 그와 저 사이에만 통하는 은어가 됐습니다.

지난 10월 저는 100명의 오피니언 리더를 대상으로 이메일 서베이를 했습니다. 주제는 'MB 국정운영 평가'였습니다. 박 회장이 이 서베이의 기업인 샘플에 포함돼 그에게도 설문에 대한 답변을 요청하는 이메일을 띄웠습니다. 취재가 목적이기는 하지만 이런 유의 메일이 그처럼 공사다망한 기업인에게 '민폐'가 된다는 것을 저도 압니다. 그는 아이폰으로 달랑 한 줄짜리 답장을 보냈습니다.

"한동안 뜸하더니 또 오랑캐의 출현 ㅠㅠ"

이틀 후 "뉴욕에서 창밖에 동이 터오는 것을 바라보며 이 글을 씁니다"로 시작되는 설문 답변을 받았습니다. 저는 "오랑캐의 처지를 이해해주셔서 고맙습니다"라고 답장을 띄웠습니다.

지난해 7월 예술의전당에서 열린 한 음악회에 갔습니다. '양호재단과 정명훈이 함께 마련한 희망과 나눔 음악회'였는데 부산 소년의 집 알로이시오와 마에스트로 정명훈이 이사장으로 있는 미라클오브뮤직의 연합 오케스트라가 연주를 했습니다. 정명훈은 이날 피아니스트로 출연했고 그의 아들 정민이 지휘를 했습니다. 연주회 시작 전 문자가 한 통 왔습니다.

"오랑캐도 이런 음악 듣나요?"

주위를 둘러보니 몇 줄 뒤 좌석에서 박 회장이 환하게 웃고 있더군요.

06
글로벌 전략은
정체성 살린
현지화
윤윤수의 역발상 경영론

윤윤수 휠라코리아 회장은 또 하나의 샐러리맨 신화입니다. 《내가 연봉 18억 원을 받는 이유》의 저자인 윤 회장은 본래 월급쟁이 사장 출신입니다. 다국적 기업 휠라의 물건을 파는 지사장이었죠. 그는 실적이 좋아 한때 연봉으로 33억 원을 받기도 했습니다.

그 후 그는 2005년 휠라코리아 오너로 변신했고 다시 2년 만에 이탈리아산 글로벌 스포츠 브랜드 휠라의 본사를 인수했습니다. 휠라코리아가 세계 70여 개국에 지사를 두고 있는 휠라 브랜드의 본사가 된 것이죠. 이 과정에서 경영자 기업인수(MBO), 차입매수(LBO) 등의 인수합병(M&A) 기법을 활용했습니다. 그 후 투자자들에게 약속한 대로 기업공개를 했는데, 주가가 고공행진을 하고 있습니다. 꼬리가 몸통을 삼킨 M&A의 주인공이 상장 대박을 터뜨린 셈이죠. 그는 사람들의 고정관념을 보기 좋게 깨뜨렸습니다.

휠라는 1911년 이탈리아에서 탄생한 브랜드입니다. 1970년대 초 세계적인 테니스 스타인 비욘 보그를 후원하면서 세계적인 브랜드로 발돋움했죠. 엔리코 프레시 전 글로벌 휠라 회장은 재임 시절 "휠라는 이탈리아에서 태어났지만 성장은 한국에서 했다"고 평가했습니다. 이탈리아 태생의 브랜드를 널리 알린 공로로 2008년 윤 회장은 이탈리아 정부가 외국인에게 주는 국가공로훈장을 받았습니다.

윤 회장은 2011년 5월 세계적인 골프용품 업체 아큐시네트를 인수해 자신의 제국을 미주 지역으로 확장했습니다. 휠라가 의류와 아시아 시장에서 강한 브랜드라면 아큐시네트는 미국 시장의 강자죠. 그는 두 브랜드가 만나 시너지 효과를 낼 것으로 기대하고 있습니다.

윤 회장의 리더십을 읽는 키워드는 정직과 성실, 경청과 적극적인 공유입니다. 자체 생산 공장이 없는 휠라는 어떻게 보면 라이선스 계약에 따라 움직이는 마케팅 회사라고 할 수 있습니다. 자연히 신뢰가 중요할 수밖에 없죠. 휠라 본사를 인수할 당시 휠라의 중국, 남미, 유럽, 일본 판매법인들은 그를 믿고 선로열티를 지급했습니다. 그는 인수자금으로 투입된 은행 대출금을 이 돈으로 갚았습니다.

사실 윤 회장은 전형적인 사업가 스타일은 아닙니다. 목소리와 제스처가 크지도 않고, 이른바 두주불사형도 아니죠. 그러나 시대는 그의 편이었습니다. 정직성을 중시하는 풍토로 경영 환경이 바뀌면서 그의 이런 면이 오히려 장점으로 부각됐기 때문이죠.

브랜드 비즈니스의 최고 원칙은 원칙을 지키는 것

Q 브랜드가 뭔가요? 브랜드 비즈니스는 뭡니까? 외국 브랜드를 들여오려면 어떻게 해야 하나요? 브랜드 비즈니스에 성공하려면 무엇을 잘해야 합니까? 휠라의 글로벌 전략은 뭔가요?

A 브랜드는 문화를 기반으로 합니다. 그래서 이탈리아, 프랑스, 미국 등 문화적으로 앞선 나라에서 탄생할 수밖에 없죠. 브랜드는 마치 물과 같아서 문화적으로 앞선 나라에서 발원해 문화 후진국으로 흐릅니다. 물론 우리나라에도 이렇다 할 브랜드가 있죠. 문제는 한국 시장에서만 통한다는 겁니다. 국민의 한 사람으로서 언젠가 우리 브랜드들이 한류를 타고 세계로 뻗어나가기를 기원합니다. 그때까지 저는 서양 사람이 만들어낸 브랜드로 비즈니스를 할 겁니다. 브랜드를 론칭한 주체는 서양 사람이지만 우리가 사들이면 그때부터 우리가 주인입니다. 휠라는 고향은 이탈리아지만 성장은 한국에서 했습니다. 윤윤수가 아니라 엔리코 프레시 전 휠라 회장이 한 말입니다.

지금부터 브랜드 비즈니스 이야기, 윤윤수식 역발상, MBO · LBO 이야기, 현지화, 속도경영 순으로 윤윤수식 경영 이야기를 해보겠습니다.

휠라는 여전히 이탈리아 브랜드입니다. 그래서 한국인이 오너지만 국가대표팀을 지원한다면 이탈리아 팀을 후원해야 합니다. 회사의 기본 방침이죠. 그래야 휠라 비즈니스를 지속적으로 할 수 있습니다.

브랜드엔 두 가지 범주가 있습니다. 하나는 구찌, 샤넬, 페라가모 같은 명품 브랜드입니다. 다른 하나는 휠라 등의 스포츠 브랜드죠. 스포츠 브랜드는 제품이 실용적이고 일반인들이 마음만 먹으면 쉽게 손에 넣을 수 있어야 합니다. 반면 명품, 이른바 럭셔리 브랜드는 정책적으로 가격 면에서 손에 넣기 어렵게 만드는 경향이 있습니다. 말하자면 스포츠 브랜드는 대중성을, 명품 브랜드는 희소성을 추구합니다. 물론 어느 쪽이든 고유한 특성을 내장해 나름의 차별성을 획득해야죠.

저는 스포츠 브랜드 비즈니스에 특화된 사람입니다. 얼마 전 우리가 독점 라이선스 계약을 한 디아도라도 이탈리아의 스포츠 브랜드입니다. 휠라는 테니스 쪽이 강하지만 다른 종목은 약해 축구에 강한 디아도라를 들여왔죠. 말하자면 휠라와 상호 보완관계에 있는 브랜드입니다. 한때 잘나갔는데 과거 휠라가 그랬듯이 요즘은 상당히 어렵습니다. 그래서 휠라처럼 다시 일으켜세워 보고 싶었습니다. 디아도라의 오너들과 평소 가깝게 지내는 점도 감안됐죠. 브랜드 비즈니스는 커뮤니케이션이 원활해야 합니다.

외국 브랜드로 비즈니스를 하려면 해당 브랜드의 밸류가 높을

아홉 경영구루에게 묻다

뿐만 아니라 돈을 벌 수 있는 빈자리가 있어야 합니다. 그 빈자리를 아이디어로 채워가면서 돈을 버는 거죠.

브랜드 비즈니스의 성공 여부는 브랜드 이미지를 어떻게 관리하느냐에 달렸습니다. 그래서 유통이 중요하죠. 팔아야 할 곳에서 팔고, 팔아야 할 때를 알아내 적기에 팔아야 합니다. 언제 정가에, 언제 할인해 팔아야 할지 알고, 할인할 때는 어느 채널에 물건을 내놓아야 하는지도 알아야 합니다. 유통 채널을 관리한다는 건 곧 브랜드 이미지를 섬세하게 관리한다는 말과 같아요. 또 브랜드 이미지를 잘 유지하려면 마케팅을 잘해야 합니다. 가령 우리 제품을 팔려면 소비자에게 무엇을 알려줘야 하는지 정확히 알아야 합니다.

휠라는 국내 시장에서 메이드 인 코리아만 팝니다. 가격이 상대적으로 비싸지만 포지셔닝만 잘하면 고가는 사실 문제가 안 됩니다. 비싸더라도 해당 시장의 수요에 맞는 아이템을 공급하면 성공을 거둘 수 있죠. 반면 미국 시장은 금융위기로 소비자의 가처분 소득이 현격히 줄었습니다. 그래서 품질 면에서는 별 차이가 없지만 가격은 20~30퍼센트 싼 제품을 내놓아야 승자가 될 수 있습니다. 이렇듯 요즘은 하나의 단어로 전 세계 시장을 설명하기가 어렵습니다.

휠라의 글로벌 전략은 세계 어느 시장에서나 40퍼센트의 통일성을 유지하는 겁니다. 글로벌 시장에서 휠라의 정체성을 견지하기 위한 정책이죠. 사실 시장마다 상당한 차이가 있습니다. 통일성과 대비시킨다면 시장별로 개별성이 나타난다고 설명할 수 있습니다.

우선 체격이 다릅니다. 미국 사람은 크고 한국 사람은 작죠. 또 반구半球가 다르면 기후가 정반대이고, 나라마다 문화도 다릅니다. 일례로 한국 사람은 흰색을 좋아하는 경향이 있습니다. 40퍼센트 룰은 공

윤윤수의 역발상 경영론

동의 이미지를 구축하는 한편 시장별 수요에 대응하는 정책이죠. 이렇게 현지화를 하는 것은 전 세계 시장을 컨트롤하는 것이 불가능하기 때문이기도 합니다. 휠라는 나이키, 아디다스 같은 선두 주자보다 현지화의 비율이 높습니다. 시장별로 더 자율적이라고도 할 수 있죠. 우리 자신의 약점을 커버하고 빠른 속도로 선두주자를 따라잡기 위한 방책입니다.

40퍼센트의 통일성을 유지하는 수단은 두 가지입니다. 우선 강력한 로고 가이드 라인입니다. 휠라의 전 제품엔 로고인 F 박스가 달려 있습니다. 둘째, 전 세계 공통의 제품이 있습니다. 여기엔 다시 세 가지 범주가 있죠. 하나는 폴로 티셔츠처럼 세계 어느 시장에서나 파는 기본적인 제품basic product입니다. 다음으로 스트라이프가 들어간 테니스 티셔츠 같은 휠라의 유산heritage 격인 제품이 있어요. 마지막으로 과거 특정 시기의 영광을 간직한 유서 깊은 제품vintage이 있습니다. 이 세 가지 유형의 제품은 어느 시장에서나 소비자들이 가장 많이 찾는 대표적인 제품군입니다.

나머지 60퍼센트는 시장별로 현지화합니다. 해당 시장의 라이프 스타일에 맞추는 거죠. 단 신발은 개발과 생산라인에 비용이 많이 들어 95퍼센트의 통일성을 유지합니다. 경비가 많이 들어 라이선시나 파트너가 임의로 제품을 개발할 수도 없어요. 반면 의류는 통일성이 30퍼센트 수준입니다. 액세서리는 통일성을 유지하기 어렵고요.

통일성을 유지하기 위한 사전 조율을 위해 매년 두 차례 글로벌 협력회의를 엽니다. 여기서 시장별로 나타날 수 있는 혼선을 차단합니다. 제품에 관한 정보를 공유하고 글로벌 마케팅을 어떻게 할 건지도 의논하죠. 시장별로 매출액의 1.3퍼센트에 해당하는 글로벌 마케팅 분담

금도 거두는데 육상경기 등을 후원하는 데 쓰입니다.

브랜드 비즈니스를 하는 CEO는 브랜드 이미지를 잘 관리해야 합니다. 특히 해외 비즈니스를 한다면 외국어에 능통해야겠죠. 무엇보다 원칙에 입각해 판단하는 능력이 긴요합니다. 브랜드 비즈니스는 원칙이 무너지면 브랜드 자체가 붕괴하고 맙니다. 그런 점에서 원칙을 지키는 것 자체가 곧 브랜드 비즈니스라고 할 수 있죠.

짝퉁 중국 공장서 진품 만드니 짝퉁이 사라져

Q 윤 회장은 이른바 '역발상 경영'으로 유명한데, 역발상 경영이 무엇이고, 역발상 경영을 하려면 어떻게 해야 하나요? 케이스 스터디할 만한 사례를 소개해주시죠. 역발상도 스스로 훈련하면 잘할 수 있나요? 윤윤수표 경영의 요체는 무엇입니까?

A 역발상이라고 표현할 수도 있지만 저는 생각의 전환이라고 설명하고 싶습니다. 생각하는 방법을 바꾸는 거죠. 고정관념에서 벗어나 거꾸로 생각하거나 생각하는 방향을 조금 트는 겁니다. 그러면 문제에 대한 해답이 나올 수도 있어요. 그러자면 먼저 생각을 해야 하죠. 아이디어는 바로 생각에서 나옵니다.

생각하는 방법을 바꾸는 데는 경험이 아주 유용합니다. 경험으로부터 배우는 겁니다. 생각의 전환은 좀처럼 교육이나 훈련을 통해 학습되지 않아요. MBA를 했다고 해서 생각의 전환을 잘하는 건 아니거든요. 역발상은 창의력의 산물도 아닌 것 같습니다. 오로지 경험이 스승이죠.

제가 한 역발상으로 흔히 휠라 본사의 인수 건을 꼽습니다. 2007

윤윤수의 역발상 경영론

년 3월 저는 휠라 본사를 인수했습니다. 그때까지 저는 휠라의 라이선시(라이선스 사업자)였죠. 라이선스 계약은 5년 단위로 하는데 만료 후 재계약 여부가 불투명합니다. 더욱이 5년이란 시간은 금방 가죠. 그래서 라이선시는 항상 불안하고 사업이 잘돼도 큰 투자를 할 수가 없어요. 계약이 끝나면 언제든 라이선스를 회수해 갈 수 있기 때문이죠.

그런 상황에서 라이선스 계약을 평생 동안으로 연장해주고 평생 낼 로열티의 절반을 현재 가치로 환산해내도록 해야겠다는 발상을 하게 된 겁니다. 전 세계 휠라 라이선시들에게 제가 오너가 되면 평생 재계약을 걱정하지 않고 비즈니스를 할 수 있게 해 줄 테니 로열티의 절반을 선불로 내라고 했죠. 오너 같은 느낌을 평생 보장해주는 대신 매출액의 8퍼센트인 로열티 중 4퍼센트를 선로열티로 받겠다고 제안한 겁니다. 나머지 4퍼센트는 전처럼 매년 내고요.

결국 중국, 남아메리카, 유럽, 일본 등 전 세계 라이선시들에게서 윤윤수가 휠라를 인수하는 조건으로 선로열티를 지급하겠다는 의향서를 받아냈습니다. 이 의향서를 모아 이번엔 외환은행을 찾아갔습니다. 마침내 4억 달러에 달하는 인수자금 중 4분의 3을 은행에서 빌렸죠. 외환은행과는 인수자금의 대부분을 은행에서 조달하고 선로열티를 받아 그 빚을 갚아나가기로 거래계약을 맺었습니다. 이런 방식의 기업 인수는 한국 금융사에 처음 있는 일이었죠. 은행 빚은 안정성을 보장해 주

아홉 경영구루에게 묻다

고받은 선로열티로 2008년 2월 말 다 갚았습니다. 외환은행과 약속한 상환 시한이 2008년 6월 말이었는데 넉 달 앞당겨 전액 상환했어요.

라이선시 입장에 서 보지 않은 사람은 이런 발상을 할 수 없습니다. 본사, 즉 라이선서는 갑이고 라이선시는 을이기 때문이죠. 갑의 위치에만 있었던 과거의 오너들은 이런 생각을 하려야 할 수가 없습니다. 말하자면 경험을 통해 터득한 것이죠. 사실 라이선시와 비즈니스 파트너들이 비즈니스를 잘해야 라이선서도 이익이 많이 납니다. 그러니 라이선시를 잘 모셔야 되죠. 이것도 역발상이고, 지금 저는 그렇게 하고 있습니다. 요즘 유행하는 말로 하면 상생이죠.

역발상을 실행에 옮기는 데는 자신감도 필요합니다. 저는 계약기간이 단기인 문제를 해결해주면 선로열티를 받아낼 수 있다는 믿음이 있었습니다. 휠라가 전 세계에 진출했지만 가장 성공한 나라가 한국입니다. 그래서 휠라의 각국 라이선시들은 휠라 코리아에 대해 대단하다는 생각을 합니다. 이들이 과거 회의 때 본사 측에 제기했던 이런저런 문제들을 접하면서 나중에 제가 대변할 수 있겠다는 생각을 했었죠. 제가 휠라 비즈니스를 가장 잘했기 때문에 이들도 저에 대해 인정을 했었고요.

또 하나의 역발상이 중국 푸젠福建성 진장晉江시에서 휠라의 신발을 만들고 있는 겁니다. 휠라 본사를 인수한 후 제가 중국 내 생산거점을 진장으로 옮겼습니다. 진장은 중국에서 신발산업이 가장 먼저 꽃피운 곳인데, 주로 내수용 신발을 생산하죠. 진장은 또 중국에서 가장 악명 높은 짝퉁 생산기지이기도 합니다. 그래서 브랜드 비즈니스 하는 사람들은 이 도시에 가기를 싫어해요. 저희도 마찬가지였고요. 문제는 미국발 글로벌 금융위기가 덮치면서 광둥廣東성 광저우廣州에서 만든 신발로는 이익을 낼 수 없다는 것이었죠. 가격 경쟁력이 현저히 떨어졌거든요. 그래서 진장으로 들어갔어요. 진장에선 광저우의 절반이면 되기 때문에 저희로서는 양질의 노동력을 싼 값에 확보한 셈이죠.

저희가 들어가고 나서 짝퉁 휠라를 만드는 공장은 전부 생산을 중단했습니다. 저희가 고발을 하면 문제가 커지니까 생산을 못한 겁니다. 결국 브랜드를 완전히 대청소했죠. 짝퉁 소굴에 들어가 진품 공장을 차린 것 역시 사고의 전환입니다.

앞으로는 생산량의 40퍼센트만 진장에서 조달하고 나머지는 인도네시아 등 다른 나라에서 소싱할 겁니다. 진장 쪽도 인력난이 심해지고 있기 때문이죠. 가격 경쟁력이 뛰어나더라도 제때 납품이 안 되면 아무 소용없습니다. 시장의 변화에 대한 대응력이야말로 브랜드 비즈니스의 생존을 담보합니다. 브랜드 비즈니스는 자유로워야 합니다. 저희가 제조공장을 직접 소유하지 않는 이유죠.

절반의 선로열티를 받고 라이선시와의 계약을 장기로 전환한 것, 라이선서지만 라이선시를 모시는 정책을 쓰는 것, 가짜가 판치는 지역에 들어가 비용을 50퍼센트로 낮추고 가짜를 몰아낸 것이 모두 역발상이 낳은 아이디어들입니다. 휠라와의 30년 경험이 그 산실이죠. 톱다운 방식의 경영을 지양하고 느슨한 관리를 통해 로컬 사업자들에게 상당한 자유를 준 것도 비즈니스를 키우는 데 주효했습니다.

저의 비즈니스 스토리는 생각에서 출발합니다. 생각 끝에 아이디어가 나오고, 사고의 전환도 이루어지죠. 사고의 전환이야말로 저의 사업을 성공으로 이끈 비결입니다. 한마디로 역발상을 하고 이를 실천에 옮겨 자신만의 스토리를 만들어야 합니다.

아홉 경영구루에게 묻다

정직하게 살기가 가장 쉽다

Q 휠라이탈리아는 경영자 기업인수MBO 방식으로, 휠라코리아와 휠라 본사는 차입매수LBO 방식으로 인수했는데 어떤 차이가 있나요? 이 인수합병M&A에 성공한 비결이 뭔가요? M&A 협상에서 먹힌 윤 회장의 자산은 무엇입니까? 해외 네트워크는 어떻게 구축했나요? LBO에 대해서는 부정적 시각도 있는 것 같습니다.

A 2003년 MBOManagement Buy Out 방식으로 미국 서버러스캐피털의 자본을 끌어들여 휠라이탈리아 지분을 100퍼센트 인수했습니다. 이 탈리아 기업이 미국인의 손에 넘어간 거죠. 2005년엔 LBOLeveraged Buyout를 통해 휠라코리아 지분을 100퍼센트 확보했어요. 휠라그룹에서 독립한 겁니다. 이로써 봉급 받는 한국지사 사장이었던 제가 현지 법인 오너가 됐습니다. 2007년엔 LBO 방식으로 휠라 글로벌 본사를 인수했죠.

MBO는 경영진이 자신이 몸담은 회사의 전체 또는 일부 사업부, 경우에 따라서는 그 계열사를 인수하는 것을 말합니다. 기존의 경영자가 인수하기 때문에 경영의 일관성을 유지할 수 있는 장점이 있죠. 경영자도 지분 참여를 하지만 투자금액이 금융회사의 투자 규모보다 적은 것이 일반적입니다. 휠라이탈리아를 인수할 땐 사모펀드인 서버러스캐피털이 인수자금을 댔습니다. 돈을 투자하는 금융회사는 실물경제에 밝지 못하기 때문에 인수 후 경영을 제대로 할 경영자를 필요로 하죠. 휠라이탈리아 인수 당시 핵심 경영진은 저와 미국 법인 사장, 부사장이었습니다. 투자회사는 흔히 투자금을 빨리 뽑기 위해 부동산·설비 등의 유형자산을 팔아 치우고 보통 3년 이내에 지분을 매각합니다. 경영진에 대해서는 일정한 경영 성과를 요구하며 스톡옵션을 주겠다고 하죠.

경영자가 MBO를 시도하려면 뚜렷한 경영 성과가 있어야 합니다. 그래야 MBO 팀에 발탁됩니다. MBO는 투자회사가 주도권을 행사하는 M&A입니다.

LBO는 인수할 기업의 자산을 담보로 금융회사로부터 인수자금의 대부분을 조달합니다. 그래서 자기자본이 적더라도 M&A를 시도할 수 있죠. 휠라 본사 인수는 두 단계를 거쳐 이뤄졌습니다. 인수와 인수 후 구조조정이죠. 제가 인수의 주역이 된 것은 과거 휠라코리아를 경영하면서 소싱을 잘했고, 서버러스 측과 MBO 등 중요한 의사결정을 할 때 결정적 역할을 했기 때문입니다.

M&A 협상을 할 때 가장 중요한 건 대차대조표를 잘 들여다보고 회사의 재정 상태를 정확히 파악하는 일입니다. 피인수 기업의 자산과 부채 내역을 꼼꼼히 챙겨야 합니다. 다음으로 숨은 리스크를 체크해야 합니다. 소송 현안, 구조조정과 관련한 법제 같은 것들이죠. 이런 숨은 리스크는 아예 떠안지 않는 게 최선입니다. 파급 효과에 대해 잘 모르기 때문이죠. 그래서 협상을 할 때 기지를 발휘해 돈을 더 줄 테니 빼자고 하는 게 좋을 수도 있어요. 피인수 기업이 맺은 각종 설비의 리스 계약도 잘 들여다봐야 합니다. 어쨌거나 명확하지 않은 것들은 배제하고 계약을 하는 게 바람직해요. 이런 관점에서 많은 인력을 전원 고용 승계할 땐 충분히 가격을 깎아야 합니다. 이 역시 그 사람들에 대해 잘 모르기 때문이죠.

LBO에 리스크가 따르는 건 맞습니다. 거금을 빌려 하기 때문에 인수 후 피인수 기업의 자기자본 비율이 낮아집니다. 재정적으로 불안정해져 신용 리스크도 커지게 마련이죠. 이래저래 피인수 기업을 회생

시키기가 쉽지 않습니다.
그래서 제가 휠라 브랜드를
시장별로 쪼개 자본화한 겁

니다. 라이선스 계약 기간의 평생 연장과 절반의 선로열티를 맞바꾼 거죠. 브랜드 비즈니스에 대한 전문성이 있었기에 가능한 일이었습니다. 한마디로 이 비즈니스의 특수성에 대한 나름의 통찰이었죠. 브랜드 비즈니스는 사실상 유형자산이 없는 사업입니다. 실체가 없는 트레이드 마크가 자산의 거의 전부라고 할 수 있죠. 그러니 이것을 팔겠다고 시장에 내놓으면 비즈니스가 급전직하, 곤두박질칠 수밖에 없습니다. 몸담고 있는 사람들도 불안하니까 하나둘 회사를 떠납니다. 그래서 트레이드 마크를 매각하는 협상은 그 밸류가 더 떨어지기 전에 빨리 끝내야 합니다. 일반적인 M&A 거래는 우선협상 대상자가 결정되면 두 달간의 실사를 거친 뒤 두 달 동안 자금을 조달하죠. 서버러스 측은 시간이 그만큼 흐르면 제값을 못 받을 것 같으니까 저에게 신속타결을 제안했어요. 인수에 참여한 세 업체 중 가격은 가장 낮게 써냈지만 틀림없이 인수할 사람이라고 판단한 거죠. 그쪽 입장을 잘 아니까 저도 실사는 하지 않겠다고 했습니다.

　　그동안의 M&A 협상에서 저의 자산이 된 것은 입증된 경영 성과와 업계의 평판이었습니다. 국내외 스포츠 브랜드 비즈니스 세계에서 '미스터 윤은 믿을 만하다'는 평판을 쌓은 것이 이 일에 큰 도움이 됐죠. 평판이 좋은 사람은 신뢰할 수 있으니까요. 또 하나의 자산은 경험을 통해 얻은 노하우와 아이디어입니다. 저는 금융을 전공한 것도 아니고 MBA도 안 해봤지만 M&A 협상을 하면서 금융 전문가가 되다시피 했습니다. 가장 중요한 것은 정직하고 성실한 삶의 자세입니다.

해외 네트워크는 상사맨을 거쳐 외국계인 제이씨페니 구매회사에 6년 근무하면서 구축하게 됐습니다. 지인에게 그의 지인을 소개받는 식으로 네트워크를 확장했죠. 만나는 사람마다 관계에 실패하지 말아야 합니다. 무엇보다 사람을 속여서는 안 됩니다. 사람을 속이면 네트워크가 단절되고 믿을 수 없는 사람이라는 평판이 네트워크를 타고 전이됩니다. 해외 비즈니스에서 남을 속이는 건 스스로 파멸에 이르는 첩경이에요.

휠라의 북미 지역 라이선스 사업자(라이선시)로 저와 고락을 함께한 호머 알티스라고 있습니다. 오래전 그가 '세상을 가장 쉽게 살아가는 방법이 뭔지 아느냐'고 물었습니다. 그러고 나서 '정직하게 사는 것'이라고 자문자답하더군요. 아무것도 감추지 않고 파트너든 바이어든 상대방에게 있는 그대로 이야기하는 것이 쉽게 사는 길이라는 거죠. 그와 10년 이상 같이 일했는데, 그 사람은 진짜 그렇게 살았고 큰돈을 벌었습니다. 지금은 고인이 됐지만 정직하게 사는 것이 얼마나 중요한지 저에게 몸으로 가르쳐 준 분이죠.

현지화 못하는 기업은 살아남을 수 없다

Q 현지화는 왜 하는 겁니까? 구체적으로 어떻게 해야 하나요? 현지화를 할 때 유의할 점은 무엇인가요? 휠라코리아의 현지화 전략은 무엇입니까?

A 현지화는 해외 시장에서 비즈니스를 효과적으로 하기 위해 필요합니다. 현지화에는 두 가지 차원이 있습니다. 하나는 제품과 유통

아홉 경영구루에게 묻다

채널의 현지화입니다. 인도네시아 시장에 진출한다고 가정해 보죠. 이 나라는 겨울이 없는 상하의 나라입니다. 사계절이 뚜렷한 한국과는 당연히 제품 계획이 달라야겠죠. 한국 시장과는 제품이 유통되는 채널도 달라요. 또 다른 하나의 차원은 인력입니다. 우리와 언어·문화가 다른 소비자들과 커뮤니케이션하는 데는 현지인이 단연 유리합니다. 현지인이 아니면 법제도 잘 모르고 관습법은 더더욱 알기 어렵죠.

인력의 현지화는 비용 측면에서도 타당합니다. 한국 사람을 현지에 파견하면 주거비, 교육비 등을 포함해 보통 국내보다 세 배의 비용이 듭니다. 여러 이유로 국내에서 파견하는 인력은 최소화하는 게 바람직하죠. 한마디로 현지화를 하지 않고는 시장 경쟁에서 이길 수 없어요.

인력을 현지화하려면 현지 채용 인력에 대한 교육을 잘 해야 합니다. 교육을 통해 현지인에게 우리식 사고를 받아들이게 하는 겁니다. 현지 실정과 우리 사고를 접목시키도록 하는 거죠. 영업의 경우 현지의 유통 채널에 대해서는 잘 몰라도 영업의 기본 원칙은 가르칠 수 있어요.

현지에 파견하는 인력은 경험과 노하우가 많은 사람이라야 합니다. 교육을 시켜야 하기 때문에 적어도 한 명은 현지에 파견해야 합니다. 현지인을 데려다 교육을 시키고 현장에 재배치할 수도 있죠. 자금도 국내에서 파견하는 인력이 담당하도록 하는 게 바람직합니다.

현지화의 정도는 시장, 즉 나라에 따라 달라질 수 있습니다. 해당 시장 소비자들의 가처분 소득이 높다면 100퍼센트 면 같은 고품질의 제품을 공급해야겠죠. 소득 수준이 낮다면 상대적으로 품질이 낮은 저가의 제품을 투하합니다. 품질 차별화, 가격 차별화를 하는 겁니다. 이 점이 명품과 다릅니다. 명품 업체는 사전에 비즈니스 규모를 정해놓고 그 범위를 벗어나는 사업은 벌이지 않습니다. 의도적인 폐쇄성이라고

윤윤수의 역발상 경영론

할 수 있죠. 반면 스포츠 브랜드 비즈니스는 전체 소비자를 대상으로 합니다. 스포츠 용품은 일용품입니다. 파티에 갈 때 입는 명품 옷과는 다르죠. 다만 소비자를 세분해 유통 채널을 차별화합니다. 미국에서는 나이키도 할인점에서 많이 팝니다. 하지만 백화점에서 파는 것과는 다른 제품이죠. 할인점에서 파는 건 인도네시아 등의 시장에서 팔리는 저가품이에요. 우리도 홈쇼핑을 통해 판매를 하는데 이렇게 파는 제품은 일반 점포에서는 취급하지 않습니다. 유통 채널에 따라 품질이 서로 다르다는 거죠. 물론 휠라 제품의 이미지를 훼손하지 않기 위해서입니다.

과거엔 나이키를 백화점에서만 팔았습니다. 그러다 유통 채널을 다변화한 것은 물론 비즈니스를 확장하기 위해서입니다. 나이키보다 시장 내 지위가 낮은 휠라는 나이키의 이런 진화를 모방하고 있습니다. 나이키가 비용을 치러가면서 검증을 마친 마케팅 정책을 구사하는 게 우리의 전략이죠. 그 나이키가 월마트에 입점했습니다. 우리는 아직 관망 중이죠. 요즘은 브랜드마다 외형을 키우는 데 집중하고 있습니다.

휠라 현지화의 대표적인 사례는 중국 푸젠성 진장시에 있는 생산공장입니다. 진장에서 만든 신발은 광둥성 둥관시에서 만든 것보다 품질이 다소 떨어집니다. 그렇다고 소비자들이 신는 데 불편을 느낄 정도는 아니죠. 반면 가격은 훨씬 쌉니다. 말하자면 우리는 진장에서 가격 대비 품질이 뛰어난 '밸류 프로덕트value product'를 생산하고 있습니다. 이런 밸류 프로덕트가 2008년 미국발 금융위기 이후 인기를 끌고 있습니다. 일자리를 잃어 경제적 여유가 없는 사람들이 이런 저가의 운동화를 많이 찾습니다. 시장의 변화에 맞춰 공장을 옮긴 거예요. 이 역시 현지화 전략이죠. 그 결과 우리가 하는 브랜드 비즈니스가 지속가능한 비즈니스가 된 겁니다.

아홉 경영구루에게 묻다

그렇다고 우리가 고가의 제품을 만들지 않는 건 아닙니다. 열에 한둘은 아주 비싼 제품을 만들어 팝니다. 브랜드 이미지의 포지셔닝을 높은 수준으로 유지하기 위한 전략이죠. 그러나 이런 고가품이 우리의 주력 비즈니스는 아닙니다.

현지화의 대장정은 끝이 없습니다. 중국이 서부 대개발을 하면서 내륙에도 일자리가 많이 생겼습니다. 그러자 진장에 있던 내륙 출신 공원들이 대거 고향으로 돌아갔고 그 결과 진장도 노동력이 부족한 실정입니다. 공장 라인이 멎고 제품을 제때 공급하지 못하는 일이 벌어지고 있습니다. 그런데 가격 경쟁력보다 중요한 게 납기 준수예요. 가격이 아무리 싸도 납기를 못 지키면 꽝이죠. 앞으로는 신발 물량의 40퍼센트만 진장에서 조달하고, 나머지 60퍼센트는 인도네시아 등 다른 나라에서 납품받을 생각입니다. 올해 진장에서 사들인 신발이 1200만 족입니다.

생산 시장의 변화에 대한 대응 능력이야말로 브랜드 비즈니스의 성패, 나아가 생존을 결정하는 변수입니다. 생산 시장의 이런 변화에 적응할 수 있어야 최대의 소비시장인 미국에서 살아남을 수 있어요. 브랜드 비즈니스는 자유로워야 합니다. 조건이 안 맞으면 공장을 옮기고, 더 나은 조건을 찾아 수시로 이동해야 합니다. 브랜드 사업체가 제조 시설에 투자하지 않는 이유입니다. 한때 국내시장에서 나이키와 아디다스를 압도했던 토종 신발 메이커 국제상사가 법정관리로 넘어간 데는 몸이 무거웠던 탓도 있습니다. 부산의 신발공장에 대대적인 투자를 했는데 공장을 놀릴 수 없으니까 계속 가동을 했고, 신발이 팔리지 않아 물류창고에 쌓아둘 수밖에 없었던 거죠.

요즘은 디자인도 아웃소싱합니다. 디자인에 따르는 리스크도 줄이기 위해서죠. 이렇게 되면 브랜드 비즈니스는 정말 브랜드만 남는 거

윤윤수의 역발상 경영론

예요. 그러나 휠라는 디자인 파워를 유지하기 위해 디자인 아웃소싱은 하지 않습니다. 우리는 한국에만 해도 디자이너가 80명 있습니다.

빠른 의사결정, 동물적 감각, 정보 공유가 속도경영의 요체

Q 《생각의 속도가 빨라야 산다》란 책을 쓰셨는데 속도경영이 뭔가요? 윤 회장의 경영철학은 무엇이고 윤윤수표 경영론은 뭔가요? 또 윤윤수의 리더십 스타일은 어떤 겁니까? 나름의 용인술도 있나요?

A 얼굴 마주보고 하는 결재를 안 한 지 한 20년 됐습니다. 그러니 임원들이 결재 받으러 와서 기다릴 일이 없죠. 결재판이 책상에 쌓이는 일도 물론 없습니다. 결재는 전부 인터넷으로 하는데 건당 1분도 안 걸려요. 클릭 한 번으로 끝나죠. 제 방에 오는 사람은 대부분 결재판이 아니라 아이디어를 들고 저에게 설명하러 오는 겁니다. 방문은 늘 열려 있죠.

결재를 이렇게 빨리 할 수 있는 건 그전에 이 사무실 저 사무실 다니면서 이런저런 이야기를 들어보고 그때그때 의사결정을 하기 때문입니다. 즉석에서 이야기를 듣고 이견이 없으면 바로 동의하는데 그게 곧 제 방식의 결재예요. 인터넷으로 하는 결재는 이를 보완하는 절차 같은 거죠. 결재 문건에 문맥에 맞지 않는 용어나 틀린 철자가 눈에 띄어도 저는 개의치 않습니다. 이렇게 일을 하면 비즈니스의 속도가 빨라집니다. 이런 속도를 이길 회사는 없어요.

속도경영의 요체는 말하자면 빠른 의사결정입니다. 의사결정을 빨리 하려면 틀에 박힌 절차에 얽매이지 말아야 돼요. 이와 더불어 해당

아홉 경영구루에게 묻다

분야에 대한 폭넓은 경험과 동물적인 감각을 갖춰야 합니다. 그럴 때 강력한 리더십이 발휘될 수 있죠. 강력한 리더십은 오너십에서 나옵니다. 저는 직원들에게도 오너십을 요구합니다. "미

스터 김, 그 일 오너십을 가지고 하세요" 하는 식이죠. 이때의 오너십은 주인의식 같은 겁니다. 말로만 주인의식을 가지라고 하는 게 아니라 권한을 위임합니다. 대신 책임지고 일할 것을 요구하죠. 저희 회사는 오너가 많습니다. 프로젝트마다 매니저가 아니라 오너가 있는 셈이죠. 일의 성과에 대한 기대치는 아주 높습니다. 퍼펙트 하게 일을 해내야죠.

속도경영의 또 다른 영역은 정보의 빠른 공유입니다. 저는 매일 아침 8시에 임원·사업부장들과 회의를 합니다. 여기서 제가 갖고 있는 정보를 비롯해 우리가 알아야 할 정보를 서로 공유하죠. 회사가 일정한 목표를 향해 빠른 속도로 달려가려면 내부에서 정보를 충분히 공유해야 합니다. 이렇게 하면 부작용도 있기 때문에 과거엔 CEO들이 중요한 정보는 잘 털어놓지 않았죠. 하지만 굳이 득실을 따지더라도 저는 정보를 공유할 때 득이 더 크다고 봅니다.

윤윤수표 경영론이라고 하면 우선 저는 솔선수범하려고 노력합니다. 일례로 국내에 있을 땐 아침 7시면 출근합니다. 회장이 수십 년째 7시에 출근하면 직원들에게 굳이 8시까지 출근하라고 지시할 필요가 없습니다. 다음으로 오픈 마인드를 유지하려고 애씁니다. 저는 평소 직원들과 대화를 많이 하고 듣는 걸 즐깁니다. 남의 이야기를 유심히 듣다보

윤윤수의 역발상 경영론

면 그 속에 문제의 해답이 있죠. 이렇게 귀 기울여 경청하다가 해답이다 싶은 아이디어가 나오면 공개적으로 그 이야기를 한 사람의 손을 들어 줍니다. 말하자면 공개적으로 투명하게 의사결정을 하는 거죠. 어쩌면 열린 경영이라고 할 수도 있겠군요.

마지막으로 공사 구분을 엄격하게 합니다. 가령 경조사에 부조를 할 때 제가 개인적으로 아는 사람이면 부조도 회사 경비로 처리하지 않고 개인적으로 합니다. 외부인과 식사를 할 때도 마찬가지예요. 이런 용도로 쓰려고 비서에게 월 1000만 원씩 개인 경비를 맡겨둡니다. 그런데 CEO가 이렇게 하지 않는 회사가 대부분이죠. 아마 90퍼센트는 부조금을 공사 구분 없이 회사 경비로 처리할 거예요. 그러면 전표를 정리하는 경리과 직원들이 뒤에서 수군거립니다. 이런 이야기가 회사 안에 퍼지면 결국 직원들도 CEO를 따라 하게 돼 있어요. 본을 보이지 못했기에 나무랄 수도 없습니다. 말하자면 이런 것들이 휠라코리아의 보이지 않는 룰입니다. 일종의 불문율이라고 할까요?

한편으로 직원들이 각종 유혹을 받지 않도록 급여를 넉넉하게 지급하려고 합니다. 판공비도 아예 급여에 포함시켰죠. 휠라코리아의 급여 수준이 썩 높은 건 아니지만, 어쨌거나 직원들은 상장으로 돈을 많이 벌었습니다.

저는 구내식당에 가면 직원들과 섞여 함께 밥을 먹습니다. 우리는 식당에 임원석이 따로 없습니다. 2010년 여름까지는 저도 배식대 앞에 직원들과 같이 줄을 섰어요. 그런데 주위에서 너무 그러는 것도 안 좋다고 해서 지금은 자리에 앉아 있고 다른 사람이 대신 식판에 밥을 타 다줍니다.

직원들은 복장이 자유롭고 대부분 청바지 차림입니다. 넥타이

아홉 경영구루에게 묻다

매는 사람은 저밖에 없어요. 사실 자유분방하다 못해 어수선할 정도의 분위기죠.

딱히 용인술이라고 할 만한 건 없습니다. 직원을 채용할 때 저는 거의 면접을 하지 않습니다. 보통 팀장들이 자기가 데리고 일할 사람을 직접 인터뷰해서 뽑죠. 사람을 뽑을 때 관상을 보는 분도 있다고 하는데 저는 그런 안목은 없습니다. 그보다 회사에 들어와 함께 일하다 보면 신뢰가 생기고 그 신뢰가 쌓여 팀워크가 형성된다고 보는 입장이죠.

대외적인 네트워킹도 마찬가지입니다. 일상적인 거래 과정에서 성실하고 진실되게 행동하면 신뢰가 생기게 마련입니다. 보통 내가 약간 손해 보는 듯한 스탠스를 취하는데 이런 처신이 성공적인 네트워킹으로 이끕니다. 어떤 일이 있어도 상대방을 속이지 않고, 속이 상해도 견디고 꾹 참는 겁니다. 아마 대인관계에서 어쭙잖게 용인술을 발휘하려 들었다면 오히려 실패했을지도 몰라요.

윤윤수의 역발상 경영론

　우리 시대의 '성공 신화' 윤윤수 회장은 자신이 살아온 이야기의 절반은 실패담이라고 담담히 말합니다. 첫번째 실패는 대학 낙방입니다. 명문 서울고를 나온 그는 삼수까지 했지만 원하던 서울대 의대에 들어가지 못했습니다. 본래 문과였던 그는 고교 2학년 때 이과로 '전향' 합니다. 폐암으로 별세한 아버지가 병상에서 고통스러워 살려달라고 자신에게 매달리는 모습에 충격을 받고 의사가 되기로 결심했기 때문이죠.

　본래 판검사 지망생이었던 그는 이 시행착오에 대해 이렇게 털어놓았습니다.

　"이 첫 단추가 잘못 끼워졌어요. 제가 수학을 아주 못했거든요. 열 문제 중에 겨우 한 문제 맞힌 적도 있어요."

　진학 실패의 경험이 그에게 무용하기만 한 것은 아니었습니다.

　"고등학교에 입학했을 때만 해도 프라이드가 대단했어요. 시골에서 서울의 명문고에 진학했으니까요. 그 바람에 주변 사람들에게서 교만하다는 소리도 들었죠. 그때 만일 서울대 의대에 들어갔다면 어쩌면 한심한 인간이 됐을지도 몰라요."

　두번째 실패는 정보에 어두워 회사에 막대한 손실을 끼친 것입니다. 한국외국어대 정외과에 진학한 그는 졸업 후 해운공사, 미국 유통업체 JC페니를 거쳐 신발 제조업체 ㈜화승에 최연소 수출담당 이사로 스카우트됩니다. 그의 나이 서른여섯. 삼수로 취업이 늦어진 것을 일거에 만회한 셈이죠. 잘나가던 그는 그러나 3년 만에 자의 반 타의 반으로 화승을 떠납니다. 스티븐 스필버그가 제작·감독한 영화 〈ET〉가 성공하는 것을 보고 ET 인형을 만들었는데 이 일로 회사에 60만 달러라는 거액의 손실을 입히게 됐기 때문이죠. 무역 일을 하면서도 무역 환경의 변화에 무지했던 탓이었습니다.

　"그때까지 저작권에 대해 깜깜했었습니다. 미국행 배에 ET 인형 10만 개를 선적했는데 제 탓으로 결국 한 개도 못 팔았습니다."

　그 후 그는 미국 뉴욕으로 건너갑니다. 여기서 휠라와 인연을 맺게 되죠. 무역회사를 차린 그는 의류에 강한 휠라 브랜드로 신발을 만들어 팔았습니다. 스포츠 의류 전문 브랜드로서의 휠라의 이미지를 스포츠화에 덧입힌 것이죠. 화승에서 신발을 만들어 팔던 경험이 그의 날개가 됐음은 물론입니다.

필요한 자금은 신발 사업에 관심이 많았던 쌍용을 통해 조달했습니다. 이 아이디어 하나로 그는 1억 달러어치 이상 신발을 팔았습니다. 당시 다른 종합상사들이 이 성공 사례를 비즈니스 모델로 스터디했다고 합니다.

그의 활약 덕에 휠라의 신발 사업은 본업인 의류보다 더 큰 비즈니스로 성장했습니다. 이런 공로로 그는 휠라의 한국 법인장을 거쳐 오너가 됐고 마침내 휠라 본사를 인수합니다.

그는 실패의 경험에서 창의적인 아이디어가 나온다고 말합니다.

"시행착오를 겪으면서 자기 나름대로 실패를 피하는 방법도 찾게 되죠. 돈도 날려봐야 벌 수 있습니다."

07
고용 없는 성장,
청년실업 해법은 창업
조현정의 新벤처입국론

조현정 비트컴퓨터 회장은 1983년 대학 3학년 때 비트컴퓨터를 창업했습니다. 대한민국 벤처 1호죠. 2년 반 후 비트컴퓨터는 당시만 해도 건물이 몇 동 없던 서울 테헤란로에 자리를 잡아 테헤란밸리의 원조 벤처가 됩니다. 또 병역특례 소프트웨어 업체 1호를 기록합니다.

조 회장은 대학생 신분에 호텔 방에서 회사를 창업한 독특한 이력의 소유자입니다. 창업 당시 시간이 황금만큼이나 소중했던 그는 24시간 일할 수 있는 공간을 찾다 서울 청량리 맘모스호텔에 사무실을 마련합니다. 소프트웨어 개발 회사라 가능한 일이었죠. 어쨌거나 여기서 그는 직원 두 명과 하루에 17시간씩 일했다고 합니다.

그는 검정고시 출신입니다. 중학교 중퇴 후 전자제품 기술자로 일하다 검정고시를 거쳐 고등학교에 진학했습니다. 아버지가 돌아가신 후 가세가 기울었기 때문이었죠. 시험을 83일 앞두고 독학으로 검정고시에 도전한 그는 방에 틀어박혀 헌책방에서 구한 교재에 매달렸다고 합니다. 한여름에 단열도 안 되는 블록 벽돌집 골방에 앉아만 있으니 엉덩이가 짓물러 결국 베개 위에 올라앉아 공부를 했다고 하더군요.

용문고를 나와 인하대 전자공학과에 진학한 그는 당시로서는 전인미답이나 다름없던 소프트웨어 분야에 진출하기로 결심합니다. 늦깎이로 시작한 대학 시절, 시간을 아끼느라 아침 일찍 교직원 통근버스에 오르고 늦은 밤 다시 통근버스에 몸을 실었습니다.

창업 후에는 의료정보 소프트웨어 개발에 주력했습니다. 당시는 의사들의 소득이 거의 노출되지 않던 시절이었죠. 의사들 가운데 일부는 비트의 프로그램이 내장된 컴퓨터를 구입하면서 세금계산서 받기를 꺼렸다고 합니다. 그는 그런 의사에게는 컴퓨터를 납품하지 않았습니다.

1989년 〈아시안월스트리트저널〉은 당시 이립(而立, 30세)을 갓 넘긴 조 회장을 한국에서 기술기업 붐을 일으킨 청년 사장(boy president)이라고 1면에 대서특필했습니다. 이듬해 비트교육센터를 만들어 지금까지 8400여 명의 소프트웨어 개발자를 배출했는데, 이들의 취업률은 100퍼센트입니다. 국부 창출에 대한 비트교육센터 출신 개발자들의 기여도는 연간 1조9500억 원 규모로 추산됩니다.

새살이 돋지 않으면 경제는 죽는다

Q 벤처가 뭡니까? 벤처 정신이 왜 필요한가요? 기업가 정신과는 어떻게 다르죠? 벤처의 고용효과는 얼마나 됩니까? 벤처가 여전히 우리의 희망이라고 보는 근거는 뭔가요?

A 벤처는 상상 속에서나 가능했던 일을 현실로 만들기 위해 기술과 아이디어를 도구로 도전하는 일입니다. 한마디로 무에서 유를 만들어내는 것이라고 할 수 있죠. 이렇게 볼 때 달랑 백사장 항공사진과 조선소 설계도를 들고 유조선을 수주해낸 고故 정주영 현대그룹 창업주는 최고의 벤처기업가라고 해도 과언이 아닙니다. 지금은 의미가 확장돼 기존의 틀에서 벗어난 것은 모두 벤처라고 부르는 경향이 있습니다만 회사의 규모나 연륜과 무관하게 기술과 아이디어로 새로운 가능성에 도전하는 기업은 다 벤처라 할 수 있죠.

벤처는 우리 시대의 문화를 바꿔놓았습니다. 허리에 차고 다닐 만큼 작게 만들어 음악 듣는 문화를 바꿔놓은 워크맨(소니)이나 반도체

조현정의 新벤처입국론

칩을 이용함으로써 목에 걸 수 있게 된 MP3 플레이어(레인콤)가 좋은 예죠. 벤처라고 해서 IT(정보기술) 기업만 해당되는 건 아닙니다. 포장이사를 창안해 이사 문화를 바꿔놓았다는 점에서 통인익스프레스도 벤처라고 할 수 있어요. 지금부터 벤처 정신 이야기, 벤처 생태계 이야기, 창업가형 인재 이야기 순으로 신벤처 입국론을 펴보겠습니다.

　　　벤처 정신은 곧 기업가 정신 entrepreneurship 입니다. 이때의 기업가 起業家가 창업가만을 가리키는 건 아닙니다. 창업가는 물론 창업공신이랄까 창업의 공조자를 아우르는 개념이라고 저는 봅니다. 나아가 기업가 정신 내지 벤처 정신은 일반 직원들에게도 필요합니다. 우리나라가 도약하려면 모든 기업이 벤처 정신으로 재무장할 필요가 있습니다.

　　　흔히 일본 경제에 대해 잃어버린 15년이라고 합니다. 일부에서는 20년이라고도 하죠. 일본이 왜 어려워졌습니까? 일반적으로 기업의 자산이 감소한 데다 국민이 소비를 하지 않기 때문이라고 분석합니다. 하지만 저는 일본의 쇠락은 국민이 창업을 하지 않기 때문이라고 봅니다. 2009년 일본 증시에 신규 상장된 회사가 19개, 한국은 66개입니다. 인구와 국내총생산 GDP 규모를 감안하면 일본이 150개는 돼야 비슷한 수준이라고 할 수 있죠. 한일 벤처포럼이 열리면 우리는 30~40대, 일본은 50~60대가 주로 참석합니다. 경제는 사람의 피부와 같습니다. 뭘 모르는 사람들은 좋은 화장품을 바르면 피부가 좋아진다고 생각하는데 지금의 피부는 며칠 지나면 떨어져나갑니다. 새살이 지속적으로 돋지 않으면 경제는 죽어갈 수밖에 없어요. 문제는 우리나라도 조만간 일본화할 가능성이 있다는 겁니다. 우리가 중국시장을 좌지우지할 수도 없고, 고령화 추세를 차단할 수도 없는 노릇이고 보면 결국 창업을 활성화하는 길밖에 없습니다.

아홉 경영구루에게 묻다

인구가 적은 이스라엘이 전시에
도 미국 나스닥에 많이 상장한 것은 왕
성한 창업 덕분입니다. 오죽하면 창업국
가라고 하겠습니까. 미국은 자본금 1달
러만 있으면 창업할 수 있어요. 돌아보면 우리나라가 IMF 체제를 조기
졸업한 것도 벤처 창업이 활발하게 이루어졌기 때문입니다. IMF 시대
를 관통하면서 우리나라는 IT 강국으로 거듭났죠. IMF 체제 극복의 1
등 공신은 벤처 기업가들입니다. 기존의 기업을 더 잘 꾸리느니 새롭게
창업을 하는 것이 훨씬 경제적 가치가 크고, 젊은 세대에게 던지는 시사
점도 의미심장합니다.

벤처는 여전히 우리가 부를 희망가입니다. 한국 경제의 확실한
버팀목이죠. 대기업은 고용 없는 성장의 덫에 걸렸습니다. 단적으로 우
리 조선산업의 경쟁력은 용접기술인데, 조선소의 용접기술자들이 고령
화하고 있습니다. 언젠가 이 일도 외국인 근로자에게 넘어가겠죠. 중소
기업 역시 젊은 세대의 외면으로 외국인 근로자로 채워지고 있습니다.
반면 벤처 쪽은 젊은이들이 선호합니다. 화이트칼라 일자리가 많기 때
문이죠.

저는 대학생들에게 창업을 권합니다. 저 역시 대학생 때 비트컴
퓨터를 자본금 450만원으로 창업했습니다. 직원 두 명과 하루 17시간씩
일하기 위해 창업 후 2년 반 동안 서울 맘모스호텔 스위트룸을 썼습니
다. 호텔방을 오피스텔처럼 쓴 셈이죠. 의료용 소프트웨어 개발에 '선택
과 집중'을 했는데 업종 분류표에 소프트웨어 개발업이라는 것이 없어
서비스업으로 등록했습니다. 당시는 서비스업엔 대출이 안 되던 시절이
었죠.

2010년 12월 말 벤처기업 수가 2만6000개를 넘어섰습니다. 2000년 초 무늬만 벤처라도 등록되던 시절 1만2000개였습니다. 제가 벤처협회장 할 때 연 매출액이 1000억 원 넘는 벤처들로 '벤처 1000억 클럽'을 만들었는데 현재 243개에 이릅니다. 매출액이 700억 원을 초과하면 중견기업이에요. 이들 기업의 매출액을 모두 합치면 49조8000억 원이나 됩니다. 전체 벤처의 총 매출액은 150조 원을 훨씬 웃돌 겁니다.

미국은 실패한 벤처 기업가에게 투자자금이 더 많이 몰린다고 합니다. 또다시 같은 실패를 반복하지 않을 것이라고 보기 때문이죠. 마치 적의 포격으로부터 아군을 보호하기 위해 만드는 엄호를 적의 포탄이 떨어졌던 자리에 설치하는 것에 비유할 수 있습니다. 같은 포대에서 쏜 포탄이 똑같은 자리에 떨어질 확률은 0퍼센트입니다. 대포가 같더라도 화약의 성분, 바람의 방향, 심지어 온도와 습도마저 바뀌기 때문이죠. 반면 우리나라는 많이 보완되기는 했지만 대표이사 연대보증제도 때문에 사업에 실패하면 신용불량자로 전락할 가능성이 큽니다. 은행 돈을 단기간에 갚기 어렵다 보니 나이를 먹고 결국 새 아이템을 내놓기엔 너무 늙어버리는 거죠. 패자부활전을 치르기도 전에 도태되고 마는 겁니다.

그래도 우리나라 벤처 정책은 그런대로 잘돼 있습니다. 실은 언론의 역할이 중요해요. 다수의 기자가 2000년 전후 벤처 버블 당시처럼 벤처라고 하면 여전히 사고뭉치로 보는 경향이 있습니다. 옥석이야 가려야겠지만 언론이 벤처를 긍정적으로 바라봐야 합니다.

다른 업체와 공유한 기업이 잘 나가는 노하우의 역설

Q 셋톱박스를 만드는 벤처 1세대 휴맥스가 창업 21년 만에 연매출 1조 원 시대를 열었습니다. 신생 대기업 웅진, 이랜드 등과 어깨를 나란히 하게 된 것이죠. 대부분의 중소기업과 벤처들로선 꿈같은 일입니다. 대기업과 거래하는 대다수 중소기업과 벤처들은 오늘도 이래저래 시름이 깊습니다. 2010년 중반 이후 대기업과 중소기업 간 상생이 화두인데 상생, 과연 어떻게 해야 하나요? 대기업의 역할은 무엇이고 중소기업은 무엇을 해야 합니까? 정부의 몫은 무엇이죠? 벤처 강국이 되려면 생태계를 어떻게 가꿔야 하나요?

A 상생하려면 기업 생태계를 잘 가꿔야 합니다. '삼대 가는 부자 없다'는 속담이 있지만 경주 최부자 가문은 소작인들의 마음을 얻어 오래도록 부를 누렸습니다. 상생하는 생태계를 만들어놓은 결과 도적들이 날뛸 때 소작인들이 일어나 도적질을 막았지요. 여기서 대기업은 협력업체와 상생해야 장기적으로 지속가능하다는 교훈을 얻을 수 있습니다. 실제로 주변을 돌아보고 상생에 공헌한 기업은 오래갑니다. 공자님 말씀 같지만 주변에 베풀어야 큰 부자가 됩니다.

반면 대기업과 B2B 거래를 하는 중소기업과 벤처는 독보적인 제품을 만들어야 해요. 대기업이 살 수밖에 없는 제품을 만드는 거죠. 그러면 경쟁자가 덤핑도 할 수 없어요. 기술에서 앞서거나, 가공 능력이 뛰어나서 불량률이 제로이거나 하다 못해 납품기간이라도 단축해야 물건을 사주지 않겠습니까? 대기업과 상생하려면 중소기업은 중소기업대로 체질을 개선해야 합니다.

요즘 정부가 나서서 상생이니 동반성장이니 하지만 상대가 대기업이니까 정부가 대신 목소리를 높이는 거지, 중견기업 간에 분쟁이 생기면 정부도 심판 노릇을 할 수 없습니다. 결국 기술력으로 시장을 지배할 수 있는 제품을 만들어내는 것 말고 다른 왕도란 없습니다. 수출은 또 하나의 활로입니다. 스마트폰에 들어가는 디바이스를 만드는 어느 중소기업 사장이 노키아와 거래하니 마진이 훨씬 크다고 하더군요. 과거엔 노키아 같은 회사가 한국 중소기업을 거들떠보지도 않았습니다. 결국 우리 중기 제품의 품질이 대기업과 거래할 만한 수준이 되니까 주문을 하는 거죠. 한때 중소기업이 주축인 대만 모델이 각광을 받았지만 저는 대기업과 중소기업이 협력하는 우리 모델이 좋다고 봅니다.

비트컴퓨터는 교육사업도 합니다. 교육 부문만 떼어놓고 보면 분명 적자예요. 하지만 교육사업을 하다 보니 엔지니어를 안정적으로 확보할 수 있었고 교육할 공간이 필요해 부동산에 눈뜨게 됐죠. 그런데 외환위기가 닥치자 교육사업이 오히려 더 잘 되는 거예요. 그 후 경제가 호전되면서 부동산이 뛰더군요. 그 바람에 부동산 가치 상승으로 교육사업의 적자를 만회하게 됐어요.

그런데 비트교육센터를 만든 것은 사실 벤처 생태계를 개선하기 위해서였습니다. 제가 몸담고 있는 소프트웨어 업계가 잘 되려면 뛰어난 소프트웨어 개발자가 많아야 합니다. 소프트웨어 개발은 사람이 하는 일이기 때문이죠. 그래서 1990년에 비트교육센터를 만들어 고급 인력을 양성했습니다.

아홉 경영구루에게 묻다

당시 개발자들은 90퍼센트 이상이 코볼이란 프로그래밍 언어를 쓰고 있었습니다. 코볼은 기업의 인사·경영 관리 등 사무용 응용 프로그램을 짤 때 주로 쓰는 언어인데, 용도가 극히 제한적이죠. 그 무렵 C랭귀지를 알게 됐는데, 이것으로는 OS, 네트워크, 보안 등 모든 프로그램을 짤 수 있었습니다. 당시 C랭귀지를 쓰는 개발자는 전국적으로 100명이 채 안 됐습니다. 저는 C랭귀지를 대중화하기로 마음먹고 비트의 교육생들에게 이 언어를 6개월 이상 전문가 수준으로 가르쳤습니다. C랭귀지를 쓰는 회사가 거의 없었기 때문에 마지막 한 주는 코볼을 가르쳤죠. 이들에게 "취업을 하면 C랭귀지의 장점에 대해 잘 설명하고 사내에 이것을 보급하라"고 말했습니다. 지금 한국엔 코볼 사용자가 단 한 명도 없습니다. 반면 일본은 개발자의 30퍼센트 이상이 여전히 코볼을 씁니다. 생태계가 바뀐 거죠. C랭귀지의 대중화는 우리나라가 소프트웨어 경쟁력을 확보하는 토대가 됐습니다.

소프트웨어 업계 전체의 상황이 좋아야 개별 기업의 실적도 좋아집니다. 그러면 다시 업계가 성장하는 선순환이 일어나죠. 그러자면 업계가 노하우를 공유해야 합니다. 그런데 IT 엔지니어들을 보면 나름의 노하우를 남들과 공유하려 들지 않습니다. 저는 이런 노하우를 공개해 그것이 더 이상 누구만의 노하우가 아니라야 업계가 지속적으로 성장한다고 봅니다. 역설적이지만 노하우가 많은 사회는 장기적으로 지속 가능할 수 없습니다. 경제적으로 급성장했지만 대한민국은 여전히 작은 나라입니다. 적은 인구로 더 많은 고부가가치 제품을 생산해 내려면 업계마다 노하우를 서로 공유해야 합니다.

노하우를 공유하려면 네트워크가 강력해야 합니다. 이 네트워크를 타고 노하우가 흐르기 때문이죠. 그런 취지로 비트교육센터를 제가 비트 스쿨學派로 개명했습니다. 여기 출신은 수료 전에 반드시 국내 최초의 소프트웨어 작품을 만들어야 합니다. 그러자면 저마다 창의적인 프로젝트를 해야 하죠. 그 성과로 코스닥에 상장된 회사도 있어요. 비트 프로젝트의 성과를 우리는 다 공개합니다. 내부적으로만 공유하고 비트 출신에게만 전수하는 게 아니라 17년째 전 사회적으로 공유하고 있어요. 우리가 공들여 개발한 기술은 누구나 무상으로 쓸 수 있습니다. 특히 비트 출신이라는 네트워크는 이런 기술이 전파, 확산되는 통로죠.

기업 생태계의 가장 중요한 조건은 창의적인 양질의 인력입니다. 외환위기 당시 패러다임 혁신을 통해 한국이 IT 강국으로 거듭났듯이 스마트 시대엔 우리가 소프트웨어 강국으로 자리매김해야 합니다. 그래서 한국이 스마트 시대의 리더가 되어야 합니다. 우리는 그만한 저력이 있어요. 2년 전 세계적으로 아이폰 열풍이 불었습니다. 그 중심에 소프트웨어가 있었죠. 그런데 지금 갤럭시S가 일본 시장에서 아이폰 4G만큼 팔립니다. 세계인이 열광하고 있고 미국 〈타임〉지는 2011년 최고의 상품으로 선정했습니다. 국내 소프트웨어 업계의 저력이 확인된 셈이죠.

취업도 보장 안 되는 청년 인턴제에 재정을 투입할 게 아니라 소프트웨어 개발자 30만 대군을 양성해야 합니다. 개발자가 많아야 일감을 들고 인도로 향하는 외국 바이어들이 한국으로 발길을 돌리죠. 소프트웨어는 인도 사람이 강하다고 하는데 한국인이 더 잘합니다. 인도는 0의 개념을 만들었고 인도에 가면 구멍가게 주인도 19단을 외운다고 하는데 0은 특허가 없어 아무나 쓸 수 있고 19단을 외워야 프로그램을 잘 짜는 것도 아닙니다. 또 인도에 가면 영어를 쓴다고 하지만 모든 프로그

아홉 경영구루에게 묻다

램 개발자가 영어를 잘해야 하는 건 아니에요. 일부 코디네이터만 잘하면 되고 영어권 유학파도 많아 우리도 그 정도 인력은 충분합니다.

스펙보다 배운 거 써먹는 스킬이 더 중요하다

Q 이 시대의 인재상은 무엇입니까? 대학생들은 스펙 쌓기에 열중하지만 취업은 만만치 않습니다. 창업가형 인재가 되어야 한다고 하지만 그렇다고 모두 창업을 할 순 없지 않습니까? 왜 우리 사회에선 빌 게이츠나 스티브 잡스, 마크 저커버그가 나오지 않나요? 무엇이 바뀌어야 하나요?

A 디지털 시대의 인재상은 아날로그 시대와는 다릅니다. 단적으로 디지털 시대에는 실력이 부족한데 일만 열심히 하면 몸담은 회사는 말할 것도 없고 나라까지 망하게 할 수 있어요. 지금은 일찍 출근해 밤늦도록 한눈 팔지 않고 일만 하는 회사형 인간이 칭송받는 시대가 아니에요. 소프트웨어 개발 분야에서도 성실하다고 성과가 더 좋은 건 아닙니다. 소프트웨어 개발의 방법론이 바뀌었기 때문이죠. 컴퓨터 프로그래밍 언어인 '코볼COBOL'을 쓰던 과거에는 밤샘하면서 열심히 프로그램을 짜야 성과가 좋았습니다. 그땐 기술이나 사용자의 요구 수준이 낮았기 때문에 한 줄 한 줄 일일이 코딩하면 됐어요.

그런데 지금은 마치 레고 블록을 쌓아 장난감 자동차를 만들 듯이 웹서핑을 해 여기저기서 적절한 프로그램 모듈을 찾아 조합해야 합니다. 또 과거엔 버그가 생겨도 작업한 본인이 아니면 원인을 알 길이 없었죠. 지금은 남들이 이미 검증한 것을 재구성하기 때문에 버그가 적

조현정의 新벤처입국론

습니다. 이런 방식으로 짜면 프로그램의 라인 수가 줄어들어 하드웨어 자원의 투입도 줄일 수 있어요. 바로 디지털 시대의 매직이죠.

디지털의 세계는 0과 1의 2진법으로 구성되어 있지 않습니까? 0 아니면 1, 말하자면 '도' 아니면 '모'예요. 아날로그 시대엔 목표를 92 퍼센트, 95퍼센트 달성하면 상위 그룹에 속했죠. 디지털 시대의 92점, 95점짜리는 1이 아니라 0입니다. 사회의 모든 분야가 '1의 인재'를 원해요. 그러니 한 분야에서만이라도 완벽한 실력을 갖춰야 살아남을 수 있죠. 이런 인재는 프로젝트를 수행하고 과제를 해결하는 과정을 통해 길러집니다. 또 프로젝트 수행 능력으로 입사 여부가 결정되고 보수도 정해지죠. 그런 인재를 양성해 생태계를 지원하려고 21년 전 비트교육 센터를 만들었습니다.

문과 출신이든 이과 출신이든 실용적인 프로젝트를 해 봐야 합니다. 프로젝트를 하면서 얻는 것이 독서와 수업을 통해 쌓는 지식보다 훨씬 많고 더 충실할 수 있습니다. 이런 과정을 통해 자신이 과연 창의적 인재인지 스스로 진단해 보는 겁니다. 그러다 보면 새로운 사업에 도전할 의욕도 생기죠. 픽션이 가미됐겠지만 영화 〈소셜 네트워크〉를 보면 페이스북 창업자 마크 저커버그가 여자친구에게 잘 보이려고 어떻게 보면 홧김에 페이스북의 원형인 온라인 앨범을 만듭니다. 이 프로젝트가 대박으로 연결된 것이죠. 하버드대학에 천재가 저커버그 한 사람뿐이겠어요? 다른 천재들과 그의 차이점은 프로젝트를 해봤다는 겁니다.

대학생들은 문과·이과를 떠나 자신이 쌓은 지식이 1의 가치를 만들어낼 만한 것인지 또는 0.7, 0.8짜리인지 프로젝트를 통해 스스로 점검해 봐야 합니다. 이 시대의 인재는 배운 것을 토대로 무언가 만들어 낼 수 있는 기술과 과제 해결 능력을 갖춰야 합니다. 그 수단이 바로 프로젝트죠.

표면화되지는 않았지만 우리 사회는 젊은 세대에게 스펙보다 스킬을 요

구합니다. 한 통계에 따르면 이 구직난 시대에 대기업에서조차 신입사원의 30퍼센트가 1년차 때 이직을 합니다. 스펙만 보고 사람을 뽑았기 때문이죠. 국내 유수의 한 반도체 회사는 해마다 소수의 임베디드 소프트웨어 개발자를 채용하는데 1년이 지나면 절반 정도가 남는다고 합니다. 실력이 부족해 회사를 떠나거나 개발 업무가 적성에 맞지 않아 다른 부서로 옮기기 때문이죠. 기업은 기업대로 직접 비용에 시장의 기회비용까지 날리는 거예요.

사정이 이렇다 보니 다수의 대기업들이 요즘은 스펙 기준이 아닌 방식으로 채용의 틀을 바꿔가고 있습니다. 스펙 좋다고 프로그램을 잘 짜는 건 아닙니다. 무엇보다 학점, 토익 등 스펙을 높이는 데는 꼬박 4년이 걸리지만 스킬은 1년만 열심히 하면 제대로 쌓을 수 있어요. 청년 실업이 극심하지만 정보기술 기업들은 구인난이 심각합니다.

외람되지만 저는 비트스쿨 출신이 이 시대가 요구하는 '가치 1'의 완벽한 인재상에 부합한다고 봅니다. 비트스쿨 출신은 평생 취업률 100퍼센트에 90퍼센트가 입도선매立稻先賣됩니다. 아직 논바닥에 있는 벼를 미리 돈 받고 팔듯이 수료도 하기 전에 직장이 결정되죠. 교육비도 기업이 부담하는데 그만큼 인력난이 심하다는 방증입니다.

좋은 교육의 세 가지 요소는 좋은 강사, 좋은 학생, 좋은 환경입니다. 비트스쿨은 4년제 대학 컴퓨터공학과나 관련학과 출신이 평균 약 6대 1의 경쟁을 뚫고 들어옵니다. 재학 시절 800시간 이상 전공과목을

이수하고 프로그램 코딩을 할 수 있는 사람들이죠. 그런 인력이 반년 동안 S대 컴퓨터공학과 석박사인 강사들의 가이드를 받아 1800시간 자기계발을 합니다. 지도가 아니라 가이드라고 표현한 건 우수한 동료집단과의 그룹 스터디를 통해 스스로 익히기 때문입니다. 교육 기간 동안엔 휴일도 없죠.

오리엔테이션 때 저는 "여러분은 비트라는 절에 시한부 출가를 한 것"이라고 말합니다. 수료 전에 국내외적으로 최초의 창의적인 작품을 만들어내지 못하면 일주일에서 길게는 석 달까지 교육기간을 연장합니다. 팀별로 발표를 하는데 절반가량의 팀이 여기서 탈락합니다. 그러면 다시 작품을 보완해야 되죠.

하나 더, 이 사람들에게 저는 뚜렷한 국가관을 가지라고 말합니다. 취업은 보장돼 있으니 대한민국을 소프트웨어 강국으로 만들어 가는 창의적 인재가 되라고 요구합니다.

'배우고 때때로 그것을 익히면 또한 즐겁지 아니한가學而時習之 不亦說乎.' 논어의 첫 구절입니다. 그런데 2500년 전 농경사회에서는 인문학이 첨단이었을 거예요. 농사 안 짓고 책을 가까이하는 사람이 선망의 대상이었을 겁니다. 그렇게 책에서 익힌 지식으로 정치도 하고 용병술도 펼쳤죠. 그런데 현대사회에서는 학문이 산업의 발전 속도를 따라잡기가 쉽지 않습니다. 그래서 불경하지만 이 시대엔 미래지향적으로 학이시습지의 '습'을 '용用'으로 바꿔야 합니다.

스펙을 높이기 위한 학습은 즐거움이 아니라 고통입니다. 배운 것을 때때로 써먹고 무엇이든 만들어 좋은 평가를 받아야 비로소 즐겁죠. 이 사회가 필요로 하는 것을 만들어낸다면 취업을 걱정할 필요도 없습니다. 고용노동부에서 보수 받는 청년고용 홍보대사로서 하는 말입니

아홉 경영구루에게 묻다

다. 스펙 경쟁을 포기하고 스킬을 높이면 청년 실업을 절반 이하로 줄일
수 있어요.

조현정 회장은 한쪽 귀가 들리지 않습니다. 이 때문에 군복무를 면제받을 수도 있었지만 그는 우겨서 군대 생활을 했다고 합니다. 미국 카네기멜론대에서 컴퓨터공학을 전공하는 그의 장남도 귀국해 군복무를 마쳤습니다. 시력이 나빠 공익근무 판정을 받은 차남은 눈수술을 받고서 입대했습니다. 조 회장은 군 복무로 인한 2년간의 공백을 딛고 복학한 장남이 우등생이 됐다고 대견해 했습니다.

"군대 가기 전엔 우등생이 아니었습니다. 흔히 한창 공부할 나이에 생기는 공백 때문에 군에 가기를 꺼리는데 그 공백이 마이너스이기만 한 것은 아니에요. 제가 자원했던 게 잘못된 결정이었다고 생각했다면 미국 영주권이 있는 아이들에게 입대를 권하지 않았겠죠."

그는 경제적으로 쪼들려 절박했던 고등학교 시절 미국 16대 대통령 에이브러햄 링컨의 자서전을 읽었다고 합니다. 거기서 '40세가 넘으면 자신의 얼굴에 책임을 져야 한다'는 40대 얼굴 책임론을 접합니다. 그는 빨리 뭔가 보여주고 싶은 조급한 마음에 이 이야기를 30대 책임론으로 수정합니다.

30세에 자신의 얼굴에 책임을 진다는 전략적 목표를 세운 그는 대학 시절 세 가지 전술을 고안합니다. 평생 몸담을 분야에서 최고의 전문가가 되고, 이 목표를 이루기 위해 주어진 시간을 스스로 통제할 것이며, 그렇게 치열하게 살더라도 도덕성을 잃지 않겠다는 것이 그것이었죠.

군복무를 자청하고 두 아들에게 입대를 권한 일도 도덕성을 지키겠다는 결심에 따른 것이었다고 그는 말했습니다. 영주권자를 자원 입대시키고 공익감을 현역으로 업그레이드시킨 아버지도 대단하지만 이런 부모의 요구를 수용한 자식들도 예사롭지 않기는 마찬가지입니다.

"자기 아버지가 평생 어떻게 살아왔는지 아니까 순종하는 거죠. 교과서에서 가르치는 대로 근면성실하고, 몸담고 있는 분야에서 전문가로 평가 받는다면 사실 자식이 아버지 말을 따르지 않을 이유도 없습니다."

조 회장은 10년 주기로 삶의 목표를 설정해왔습니다. 30대엔 다른 사람들과 다양

아홉 경영구루에게 묻다

한 네트워크를 구축하기 위해 열심히 뛰었습니다. 비트교육센터를 만든 목적 중 하나도 조현정 한 사람 대 n이 아니라 n 대 n의 네트워크를 구축하는 것이었다고 합니다. 40대엔 상생의 인프라를 구축하는 일에 주력합니다. 그 일환으로 장학재단을 만들고 모교에 건물도 지어 기증했습니다.

50대에 들어선 후로는 멘토링에 몰두하고 있습니다. 그는 젊은 세대에게 스펙 관리보다 스킬 연마에 힘쓰라고 권합니다.

"기업들이 스펙 보고 사람 뽑는 것 아닙니다. 한쪽에서는 여전히 이공계 위기라고 하지만 지금은 이공계가 득세하는 실용사회예요. 취업난이 심각하지만 소프트웨어 분야는 구인난을 겪고 있습니다. 스펙 경쟁을 포기하고 스킬을 높이면 우리 사회의 실업률을 지금의 절반 수준으로 낮출 수 있어요."

08
예술적 감성 담아
부가가치 올려라
윤영달의 AQ 경영론

2005년 제과업계 4위 크라운제과가 국내 최초의 제과회사이자 업계 2위인 해태제과를 인수했습니다. 당시 해태의 매출액은 크라운의 거의 세 배에 달했습니다. 더욱이 크라운제과의 화의가 끝나지도 않은 상태였죠. 언론은 새우가 고래를 먹었다고 보도했습니다. 크라운의 해태제과 인수는 윤영달 크라운해태 회장의 작품이었습니다. 윤 회장은 인수에 반대하는 해태 직원들을 "과거엔 큰 회사가 작은 회사를 삼켰지만 지금은 빠른 회사가 느린 회사를 인수하는 시대"라고 설득했습니다. 인수자금을 마련하기 위해 군인공제회를 찾았을 땐 "오랜 역사를 가진 민족기업을 외국인 손에 넘겨줄 순 없다"고 호소했습니다.

해태제과 인수 후 그는 상처 입은 직원들의 자부심을 되살리기 위해 이들과 산에 올랐습니다. 그는 같은 봉우리를 하루에 세 번 오르는 삼봉을 해야 비로소 산을 제대로 즐기는 경지에 이를 수 있다고 주장합니다. 그러나 좋아하던 골프를 끊고 처음 산에 올랐을 때 자신이 5분도 채 못 걷고 쉬어야 했다고 회고합니다. 크라운해태의 직원들은 이렇게 산에 오르면서 내성을 키웠습니다. 이른바 등산 경영이죠.

윤 회장은 이에 앞서 외환위기 당시 크라운제과가 부도나자 "안개 낀 날 운전이 서툴러 차가 벽에 부딪친 것일 뿐"이라며 채권단의 화의를 끌어냈습니다. 화의가 이루어지기 전 집으로 찾아와 협박하는 사채업자들에게 그는 도리어 "나를 살려 돈을 받아낼 건지 죽이고 그 돈을 날릴 건지 선택하라"고 압박했습니다.

특유의 뚝심으로 업계 1위를 탈환한 윤 회장이 요즘 아트경영으로 주목받고 있습니다. 그에 따르면 AQ 경영이란 아름다움을 추구하는 인간의 본성에 호소하는 경영입니다.

윤 회장은 우리 국악의 진흥과 보급에도 힘쓰고 있습니다. 그는 한민족의 DNA엔 국악의 가락이 새겨져 있다고 주장합니다. 다만 국악의 한류를 일으키려면 국악곡의 창작을 외국의 유명 작곡가에게 맡겨야 한다고 말합니다. 한류의 아이돌 스타들이 외국 작곡가의 곡으로 세계를 누비듯이 말이죠. 언젠가 베를린 필과 뉴욕 필이 국악을 연주하는 날이 올 거라는 믿음으로 그는 오늘도 슈퍼마켓 점주들을 초청해 국악 공연을 펼치고 있습니다.

기술 평준화 시대에는 예술적 감성이 기업의 경쟁력

Q 크라운해태가 예술경영을 한다는데 예술경영이 뭔가요? 예술경영을 하면 실적이 좋아지나요? 제과업뿐 아니라 모든 업종에 이 예술경영을 적용할 수 있습니까?

A IQ는 지능지수입니다. 주로 기억력을 평가하는 지수죠. 반면 EQEmotional Quotient는 감성지수, 곧 마음의 지수라고 할 수 있습니다. 창조경영의 창시자로 통하는 로버트 루트번스타인Robert Root-Bernstein은 《생각의 탄생》에서 기업이 고성장을 하려면 창조경영을 해야 하는데 그러려면 음악, 미술, 문학 등에 반응하는 인간의 감성을 잘 활용해야 한다고 말했습니다. 《드림 소사이어티》를 쓴 미래학자 롤프 옌센Rolf Jensen도 꿈과 감성이야말로 가장 핵심적인 경쟁력이라고 설파했죠. 부를 창출하는 원천이 이성에서 감성으로 이동하고 있는 건 확실해 보입니다.

그런데 저는 EQ보다 AQArtistic Quotient를 높여야 한다고 봅니다. AQ란 예술적 표현 능력의 수준을 나타내는, 말하자면 예술가적 지수입니다. 제가 만들어낸 말이죠. 음악가, 화가, 문인 등 직업적인 예술가의 AQ를 저는 100으로 보는데, 이들과 견주어 보면 저마다 자신의 AQ가 어느 수준인지 가늠해 볼 수 있죠. 노래를 듣는 관객에게 필요한 게 EQ라면 노래를 부르는 가수에게 요구되는 게 AQ입니다. 예술작품을 감상하는 데는 EQ만 있으면 되지만 작품을 만들어내는 데는 AQ가 필요합니다.

EQ가 수동적이라면 AQ는 적극적이죠. 이제 기업들은 EQ를 넘어 구성원의 AQ를 높이는 데 주력해야 합니다. 바로 AQ 경영입니다. 아트 경영이나 문화 경영과도 통하는 개념이죠. 미국의 명문 미술대학인 RISD(로드아일랜드 디자인 스쿨)의 존 마에다 John Maeda 총장은 미래엔 기술 수준이 같아져 결국 예술적 독창성으로 판가름날 것이라고 말합니다. 높은 기술이 광범위하게 공유되고 있는 현실에서는 예술가의 도발적인 독창성을 끌어들여야 탁월한 경쟁력을 갖출 수 있어요.

제가 종사하는 과자업계에 적용을 해보죠. 과자를 만드는 메이저 회사 간에는 이제 기술과 품질의 격차가 거의 없습니다. 같은 기계로 같은 원료를 사용해 과자를 만들고, 식스시그마도 똑같이 하다 보니 메이커 간에 불량률마저 비슷한 수준으로 수렴합니다. 이런 상황에서는 부가가치로 예술적 감성을 가미해야 합니다. 예술작품처럼 심미안을 만족시키는 아름다운 제품을 구매할 때 고객이 즐거워하기 때문이죠.

AQ 경영이란 한마디로 인간의 본성에 호소하는 경영입니다. 인간은 누구나 본성적으로 아름다움을 추구하게 돼 있어요. 그러면서 즐

아홉 경영구루에게 묻다

거움을 맛보죠. 크라운제과가 만드는 쿠크다스라는 과자가 있습니다. 직사각형의 이 밋밋한 과자에 생동감을 불어넣느라고 우리가 초콜릿으로 S자 형태의 물결무늬를 그려넣었습니다. 또 이 물결의 산은 가늘게 골은 굵게 그려 율동감을 살렸습니다. 이것은 과자의 맛이나 품질과는 무관한 선이죠. 그런데 이 곡선 덕에 매출이 크게 늘어났습니다. 애플사 제품에도 이런 감성이 살아 있어요. 일례로 아이폰은 뒷면의 코너를 깎아 둥글고 매끄럽게 만들었습니다. 그 감촉이 좋아 손에 쥐면 기분까지 덩달아 좋아지죠. 그 후 나온 휴대전화들은 다 이런 디자인을 모방하더군요.

누구나 자신의 AQ를 높일 수 있지요. 그런데 기업은 구성원 집단의 AQ, 즉 G_{Group}AQ를 높여가야 합니다. 집단 지성이란 말이 회자되고 있습니다만 GAQ는 일종의 집단 지혜라고 할 수 있습니다. 제품을 작품으로 만들려면 내부의 GAQ 역량을 키워야 합니다. 직원 개개인으로서도 심미안이 없이는 조직에서 성장하기 어려워요. 디자이너가 뛰어나다고 좋은 작품이 나오지 않습니다. 디자인의 수준은 디자이너가 아니라 의사결정권자의 안목 수준에 좌우됩니다. 이것이 전 임직원이 미에 대한 안목을 키워야 하는 이유죠. 더 이상 제품의 효용, 생산 효율, 품질 관리로 승부하는 시대가 아닙니다.

과자의 포장지인 박스로 조형물을 만드는 박스 아트를 우리가 창안했습니다. 본래 포장지는 고객이 해당 제품을 구매하고 나면 쓰레기가 되어버리죠. 그때부터는 비용이에요. 그래서 직원들에게 마이너스적 가치밖에 없는 과자 박스로 무엇이든 만들어보라고 했습니다. AQ 향상 체험 프로그램의 일환이었죠. 처음에는 장난감을 비롯해 이것저것 만들었어요. 그러다 어느 날 조형물을 만들게 됐죠. 한 직원이 이 조형물을 영업에 활용하자는 아이디어를 냈습니다. 그래서 이 조형물을 점 포에 설치하고 그 주변에 우리 제품을 진열했습니다. 그랬더니 아이들이 몰려들었어요. 자연스레 그 앞이 포토존이 되어버렸죠. 지금은 점주들이 이 조형물을 서로 차지하려고 쟁탈전을 벌입니다. 좀 거창하게 말하면 쓰레기로 버려질 일회용 용기를 우리 직원들이 디스플레이를 위한 아트로 승화시킨 겁니다. 뿐만 아니라 박스 아트는 우리 영업 부서의 핵심 역량이 됐습니다.

　　AQ 경영이 시장에서 먹히려면 고객의 AQ 지수도 함께 높아져야 합니다. 우리가 송추의 아트밸리로 점주 고객을 초청해 예술 체험을 제공하는 것도 바로 이 때문이죠. 유리병을 가열해 늘이고 구부려 작품을 만드는 병 공예라고 있습니다. 이 병 공예를 체험하고 나면 집에서 병을 함부로 못 버립니다. 무심코 버리는 병이 작품을 만드는 데 유용한 재료라는 사실을 알기 때문입니다. 이렇게 박스 아트, 병 공예 등을 체험하고 나면 고객들이 영감을 얻고 심미적 가치에도 눈을 뜨게 됩니다. 부수적으로 재활용의 미덕도 내면화하게 되죠.

　　이렇게 체험 활동을 통해 우리 회사와 한 번 관계를 맺고 나면 단골 고객이 됩니다. 어쩌면 인지상정이죠. 이렇듯 지속적으로 고객을 창출할 수 있으니 AQ 경영이야말로 지속가능 경영이라고 할 수도 있겠군요. 전통적인 제과업은 굴뚝산업이고 장치산업입니다. 그렇다 보니 사양산업 소리도 듣습니다. 제과 등 미래의 식품산업은 예술적 감성을 담아내 고객에게 행복감을 안겨 줘야 합니다. AQ 경영을 도입해야 하는 까닭이죠.

　　AQ 경영은 모든 업종에 적용할 수 있습니다. 아름다움과 예술성을 추구하는 데는 한계가 없습니다. 과유불급이 통하지 않는 세계죠.

AQ 지수가 높아지니 직원들 넥타이 색깔부터 달라지더군요. 컬러 매치의 안목이 높아진 거죠. 제품이든 포장지든 색깔을 쓰지 않는 업종은 없습니다. 기술이 좋은 회사가 시장을 지배하는 시대는 저물었습니다. 회사가 성장하려면 좋은 기술은 기본이고 GAQ가 높은 조직을 만들어야 합니다.

표현력 강화를 위해 뭐든 직접 해보라

Q 임직원의 AQ를 어떻게 높일 수 있나요? AQ를 높이기 위해 구체적으로 어떤 프로그램을 운용하고 있나요? 전기톱도 다루게 한다면서요? 전 직원을 훈련시키느니 예술가 몇 사람을 기용하는 게 낫지 않나요?

A 창의적인 것은 우리 손끝에서 나옵니다. 예술적 감각은 오감 중 촉각, 그중에서도 손끝을 통해 생긴다고 봅니다. 자기 손으로 직접 만지고 느껴봐야 감각이 생기고 또 더 예민해지죠. 단적으로 우리나라가 전자제품 강국이 된 건 우리 민족이 오랫동안 쇠젓가락을 써온 역사와 무관치 않습니다. 한중일 동북아 3국 중 우리만 가늘고 매끄러워 쥐기 힘든 쇠젓가락을 쓰죠. 이렇게 젓가락질도 레벨이 있습니다. 우리 조상들이 쇠젓가락을 쓴 건 가난했기 때문이기도 합니다만.

송추 아트밸리에

> 창의적인 것은 우리 손끝에서 나온다. 예술적 감각은 오감 중 촉각, 그중에서도 손끝을 통해 생긴다고 볼 수 있다. 자기 손으로 직접 만지고 느껴봐야 감각이 생기고 또 더 예민해지는 것이다.

있는 장승 등 대부분의 옥외 조형물은 우리 크라운해태 직원들이 만들었습니다. 병 공예 등을 체험하는 공간으로 쓰이는 가건물도 직원들이 자기 손으로 세웠습니다. 동락도, 낙락도 등 경내의 산책길도 직원들이 직접 닦았어요. 모두 AQ를 향상시키기 위한 프로그램들이었죠. 창조적이 되려면 연습과 훈련, 다시 말해 체험이 필요합니다. 이런 체험 프로그램의 일환으로 직원들은 전기톱도 듭니다. 장승을 만들려면 나무도 자를 줄 알아야 하거든요.

AQ가 높은 사람은 줄을 긋거나 종이 한번 접는 것을 봐도 어딘가 다릅니다. 작가가 작품을 배치하면 뭐가 달라도 달라요. AQ를 높인다는 건 결국 작품을 만드는 능력을 성장시키는 것을 말합니다. 작가의 AQ 수준도 궁극적으로는 해당 작가가 만든 작품의 질이랄까 작품성을 보고 판단하는 것이죠. 구성원의 집단 AQ, 즉 GAQ는 직원들 가운데서 탁월한 사람의 AQ를 기준으로 구성원 전체의 AQ를 향상시켜야 합니다.

예술가와 디자이너가 어떻게 사고하고, 또 독창성을 발휘하기 위해 어떻게 스스로 훈련을 하는지 이제 기업도 알아야 합니다. 이런 것들이 제품에 예술적 감성을 담기 위해 앞으로 비즈니스에 도입해야 할 새로운 기술이죠. 식품산업을 예로 들면 미래의 식품산업은 음식을 팔지 않을 겁니다. 저는 식품을 통해 예술적 감성을 전달함으로써 식품산업이 고객에게 감동과 행복을 제공하는 예술산업이 되어야 한다고 봅니다.

그런데 이런 것들은 모두 우리가 안 해본 일입니다. 새로운 일을 하려면 자신감이 필요하죠. 자신감은 직접 자기 손으로 해볼 때 비로소 생깁니다. 안전교육을 받고 나서 처음 전기톱을 잡으면 누구나 두려운 마음이 앞섭니다. 하지만 막상 자기 손으로 나무를 잘라보면 별일 아니

아홉 경영구루에게 묻다

라는 걸 압니다. 자신감이 생기는 거죠. 직원들도 즐거워합니다. 스스로 아티스트가 된 것 같은 착각과 기분을 맛보게 되죠. 직접 해보고 느끼고, 그 결과 우리 삶이 달라질 때 우리는 예술가가 되고 그때 AQ가 높아진다는 게 저의 생각입니다.

일반인들은 다람쥐 쳇바퀴 돌듯 하는 일상의 틀에 매여 삽니다. 그러나 예술가들은 그렇지 않죠. 그래서 직원들에게 아트밸리에 머무르는 동안만큼은 예술가가 되어보자고 말합니다. 예술가처럼 아름다움을 추구하다 보면 자신도 모르게 즐거워집니다. 즐거우면 몰입도가 높아지고 생산성도 올라가게 마련이죠. 저희 회사 총무과 직원들이 어느 날 건물 밖에 팔랑개비를 달아놓았습니다. 지나가는 사람들을 즐겁게 해주기 위해서였죠. 예술가가 그렇듯이 나의 즐거움을 넘어 타인에게 즐거움을 주어야겠다는 생각으로 발전한 거죠.

직원들이 이것저것 직접 만들고 또 아이디어를 짜내다 보면 감각이 떨어지나 봅니다. 예술을 주제로 한 대화에 자신이 끼지 못한다는 생각도 들고요. 그래서 요즘은 직원들이 시간을 내 미술관을 찾고 인터넷에서도 미술작품을 검색해 봅니다. 미술 공부를 하는 거죠. 저의 경험에 비추어볼 때 사실 작품을 많이 보는 것이 최선입니다. 선택적 지각이랄까, '관심이 없으면 봐도 잘 보이지 않는心不在焉 視而不見' 법이죠. 《나의 문화유산 답사기》를 쓴 유홍준 씨의 표현을 빌리면 "아는 만큼 느끼고 느낀 만큼 보인다"고 할 수 있겠군요. 그림뿐 아니라 오페라도 그렇더라고요. 예술가를 초청해 강의도 듣습니다. 일례로 영업사원들이 박스 아트 작품을 만드느라 작가를 초대해 강의를 들었습니다.

회사에서 라이노 교육도 시킵니다. 2D(2차원)로 그린 그림을 라이노 3D(3차원) 프린터로 뽑는 겁니다. 그러자면 평면에 그리지만 입체로 된 모습을 상상할 수 있는 영상화 능력이 요구됩니다. 일반인에겐 그냥 선으로만 보이죠. 이렇게 그리고 나서 3D 프린터로 뽑아보게 합니다. 이런 훈련이 왜 필요할까요? 과자도 조각처럼 3차원이죠. 과자를 각지거나 둥글게만 만드는 건 AQ가 아직 낮아서 그렇습니다. 초콜릿을 지금처럼 판 형태로만 만들라는 법 있습니까? 더 입체적이고 더 예쁘게 만들 수도 있거든요. 우리 개발팀에 주문을 하지만 아직은 못 만들어냅니다. 언젠가 나올 겁니다.

최근엔 전 직원에게 포클레인 운전면허를 취득하도록 했습니다. 포클레인을 한 대 사서 우선 저부터 면허를 따고 전 임직원이 포클레인 운전에 도전해 보게 할 겁니다. 포클레인을 운전할 줄 알면 표현력이 더 확장될 겁니다. 아트밸리에선 흙으로 빚어 구운 후 칠을 하는 그런 공예만 하는 게 아닙니다. 조각과 설치미술도 합니다. 무슨 작품을 하게 될지 모르니 전방위로 표현할 줄 알아야죠. 이렇게 자기표현 능력을 키우는 건 마치 언어를 배우는 것과 같습니다. 크라운해태 직원이 경쟁사보다 강한 건 표현력으로 무장이 되어 있기 때문입니다.

AQ 경영은 진화 중입니다. 방향성만큼은 확실하지만 구체적으로 어느 단계에서 무엇을 어떻게 실행해야 하는지는 누구도 모릅니다. AQ 경영을 한다니까 예술가를 대거 영입해 맡기면 되지 않느냐고 하는 사람들이 있더군요. 경영과 예술 행위는 크게 다릅니다. 경영은 내 욕심만 차리면 반드시 실패하게 돼 있습니다.

남의 욕심, 즉 고객의 니즈를 읽어내야 성공하죠. 그런데 예술가는 유아독존에 사로잡힌 사람들입니다. 자기 작품을 최고로 아는 부류

아홉 경영구루에게 묻다

죠. 우리가 박스 아트를 시작할 때의 일입니다. 작가에게 의견을 구했더니 작품에서 자꾸 그 작가의 느낌이 강해지는 거예요. 예술적 가치는 높아졌는지 몰라도 난해하고 복잡해지더군요. 한마디로 재미가 없었습니다. AQ 경영을 시도한다고 예술가가 경영에 깊이 관여하면 안 됩니다.

과자 먹고 QR코드 찍으면 오페라 초대

Q 아트 마케팅이 무엇입니까? 아트 CRM은 또 뭔가요? 임직원이라면 모를까 고객의 AQ 지수를 높이는 게 경영에 무슨 도움이 되나요?

A CRM customer relationship management은 고객관계관리로 번역하는데, 기업이 고객관리 툴로 사용하는 소프트웨어 등을 가리킵니다. 우리는 아트 CRM을 합니다. 크라운해태 제품 포장 안팎에 인쇄돼 있는 QR코드를 스마트폰으로 스캐닝하면 구매가격의 10퍼센트에 해당하는 포인트가 자동 적립됩니다. 이 2D(2차원) 코드를 스캐닝하려면 뷰 파인더 같은 프로그램을 내려받아야 합니다.

포인트는 블럭의 형태로 우리 회사 서버에 쌓입니다. 이때 휴대전화 번호가 아이디(고객 고유번호) 구실을 하죠. 다른 고객 정보는 수집하지 않습니다. 신상에 관한 개인 정보를 보유하지 않으려고 선택한 방법입니다. 아트 CRM이라고 명명한 것은 이렇게 누적된 블럭으로 아트밸리의 AQ 향상 프로그램을 체험하거나 우리가 주최하는 공연을 관람할 수 있기 때문입니다. 구매 고객에 대한 감사의 표시로 아트 활동에 초대하는 것이죠. 말하자면 고객에 대한 일종의 예술적 서비스라고 할 수 있습니다.

고객을 초대할 때도 휴대전화로 QR코드를 전송해줍니다. 공연장에 와서 전송받은 QR코드를 스캐닝하면 좌석이 지정된 입장권을 받을 수 있어요. 여기까지는 우리 회사가 주최하는 국악 공연 때 이미 시험 운용을 마쳤습니다. 정착이 되면 장차 세계적으로 유명한 오페라 가수를 초청해 우리 고객만을 위한 공연도 열 생각입니다.

시험적으로 운용을 해보니 반응이 뜨겁습니다. 아트 블럭 회원 수가 약 70만 명입니다. 특히 AQ 향상 프로그램에 대한 참여 욕구가 강합니다. 이 고객 풀이 앞으로 마케팅을 할 때 상당한 위력을 발휘하게 될 겁니다.

사각형의 QR코드를 제품에 표시한 것은 우리가 식품업계 최초입니다. 그전까지는 선으로 된 1차원 바 코드를 썼죠. 외국에도 선례가 거의 없는 것으로 알고 있습니다. 스마트폰이 나오기 전 우리는 이런 용도로 쓰려고 펜 형태의 QR코드 전용 리더기를 개발했습니다. 몇십억 원을 들여 만든 리더기를 몇만 개 보급했는데 스마트폰이 확산되면서 무용지물이 됐죠. 스마트폰이라는 '영물'이 나오리라는 것을 내다보지 못한 탓이죠. 하기는 이렇게 스마트한 세상의 도래를 누가 알았겠습니까?

누적 포인트는 우리 아트 블럭 사이트 www.art-block.co.kr 에서 고객이 실시간으로 확인할 수 있습니다. 포인트에 해당하는 아트 블럭은 구매한 제품의 가격에 따라 층위가 다르고, 제품에 따라 색깔도 다릅니다. 그래서 고객별로 누적 포인트가 같아도 블럭이 쌓인 모습은 다릅니다. 고객의 제품 선호와 성향을 파악하고, 선택한 예술 서비스를 보고 사후적으로 해당 고객의 예술에 대한 취향도 알아내기 위한 장치죠. 역으로 어떤 공연을 원하는지 우리가 직접 물어볼 수도 있고 고객으로 하여금 투표를 하게 할 수도 있어요. 한마디로 구매 고객과 양방향적인 소통이

아홉 경영구루에게 묻다

가능합니다. 이렇게 차별화된 CRM
기법을 처음 도입했다는 명목으로
2009년 한국정보산업협회가 제정한
고객중심 경영대상 제조 부문 대상을
타기도 했습니다.

아트 CRM은 아트 마케팅의 일환입니다. 아트적인 요소를 마케팅에 활용하는 거죠. 일례로 우리는 반 고흐의 〈해바라기〉와 〈밤의 카페 테라스〉, 엘리자베스 루이 비제 르브룅의 〈딸과 함께 있는 자화상〉, 심명보 작가의 〈백만송이 장미〉 등 순수 미술작품을 제품 포장에 사용했습니다. 제품 포장에 인쇄된 행운번호를 홈페이지에서 입력하도록 해 고객 1000명을 렘브란트 등의 작품이 전시되는 서양미술거장전에 초대한 것도 아트 마케팅의 일환이었습니다.

우리 제품 발리 초콜릿은 추상 회화의 창시자로 불리는 몬드리안의 작품 형태로 면을 분할하는 파격을 시도했습니다. 꺾어 먹기 좋게 선을 음각한 일반적인 초콜릿과 달리 몬드리안의 그림을 응용해 불규칙적이지만 아름다운 비율의 사각형들로 구성되도록 선을 양각한 겁니다. 초콜릿의 포장을 벗기는 순간 "야 몬드리안 그림이네" 하는 감탄사가 절로 터지게 만든 거죠.

한번은 부산에서 이런 일이 있었습니다. 우리 임직원들은 장승 만들기를 다 체험했는데, 이 장승 깎는 방법을 가르치는 한국장승학교가 경남 고성에 있습니다. 그래서 부산의 직원들에게 이 학교에 가서 더 배워 보라고 했죠. 이렇게 배워서 만든 장승이 자꾸 늘어가는데 딱히 용도가 없는 거예요. 어느 날 소매점을 하는 점주 고객에게 이 장승을 줬더니 아주 좋아하더랍니다. 이번엔 우리 제품인 과자 묶음에 작은 장승을 꽂아 놓았습니다. 그랬더니 그 과자가 날개 돋친 듯이 팔리더래요. 전국적으로 확산시키자는 이야기가 나왔지만 제가 막았습니다. 원 플러스 원 제품으로 인식돼 우리가 만드는 제품의 가치를 떨어뜨릴 수 있다는 생각이 앞섰기 때문입니다.

그런데 이 사례에서 아트 마케팅에 대한 시사점을 찾을 수 있습니다. 사람들의 미적 욕구를 충족시키는 마케팅 기법이 먹힌다는 것이죠. 요즘은 직원들을 내부 고객이라고 하지 않습니까. 내부 고객이 좋아하는 체험이라야 외부 고객도 좋아합니다. 박스 아트, 병 아트 등의 AQ 향상 프로그램이 하나 개발되면 몇몇 사람이 참여해 보고 나서 우리 직원들에게도 체험하도록 합니다. 이들 가운데 잘하는 사람들은 더 고난도의 단계로 올라가죠. 이런 과정을 거치면서 매뉴얼과 사용할 도구를 만들고 체험에 필요한 재료의 공급원도 찾아냅니다. 이렇게 해서 하나의 체험 프로그램이 완성됩니다. 그러고 나면 점주 고객들에게 이 코스를 체험해 보게 하죠. 우리는 장차 일반 고객에게도 이런 경험을 제공할 겁니다.

크라운해태는 왜 이런 시도를 하는가. 고객들의 심미안 내지는 AQ 지수를 높이려는 겁니다. 그래서 고객들로 하여금 더 품격 높은 제품을 요구하게 하려는 겁니다. 우리는 더 고급스러운 과자를 만들고 싶습니다. 그런데 그런 과자를 고객이 원하지 않으면 만들려야 만들 수가 없어요. 고객의 눈이 높아져 더 멋진 과자, 더 아름다운 제품을 찾게 된다면 제조 원가가 문제이겠습니까?

취향이 고급한 사람들이 먹는 과자, 앞선 사람들의 제품이라는 평판을 얻으면 그땐 세계인들이 다 먹게 될 겁니다. 이런 경지에 이르면 사실 맛이나 향은 그렇게 중요하지 않습니다. 식성과 냄새에 대한 사람

아홉 경영구루에게 묻다

들의 취향은 어쩌면 학습이 된 건지도 모릅니다.

멜라민 파동 때 국악공연으로 고객과 소통

Q 고객을 각종 공연에 초대하는 것도 AQ 경영의 일환인가요? 어떤 효과가 있나요? 구체적인 성과가 있습니까? 국악 공연을 주로 하는데 왜 하필 국악인가요?

A 2008년 가을 중국발 멜라민 파동 때의 일입니다. 우리 회사의 한 제품에서도 멜라민이 나왔습니다. 실은 우리가 먼저 발견했어요. 당시만 해도 국내엔 멜라민 검출의 기준치가 없었습니다. 검출 기준이 필요하다 싶어 당국에 그런 의견을 전달했는데, 당국에서 우리 제품에서도 멜라민이 검출됐다고 발표했습니다.

우리는 멜라민 검출 사실을 시인하고 사죄했습니다. 주가가 급락하는 등 타격이 컸죠. 그런 일로 신문이 일주일만 대서특필하면 회사가 망할 수도 있습니다. 그때 '이러다 정말 우리 회사가 문을 닫을 수도 있겠구나' 하는 위기감이 들었어요. 의례적인 사과광고 같은 거 말고 뭐라도 해야겠다는 생각을 했습니다. 어느 날 국회에서 답변을 하고 나와 회사 관계자들을 소집했습니다. 그리고 전국적으로 최대한 많은 공연장을 빌리라고 했습니다.

이 공연장에서 사과 공연을 했습니다. 공연 전 멜라민 파동을 다룬 신문기사를 화면에 띄워 보여주고 나서 우리 회사 임원이 무대에 올라가 정중하게 사과를 했습니다. 다시는 이런 문제가 생기지 않도록 만전을 기하겠다고 약속했죠. 공연은 우리 회사 락음국악단이 맡았습니

윤영달의 AQ 경영론

다. 2007년 봄 창단된 국내 최초의 민간 국악단이죠. 고객에게 즐거운 우리 음악을 제공하겠다는 취지로 '락음'이라고 이름을 지었습니다. 국립이나 시립 국악단 말고는 규모가 가장 큽니다. 이 사과 공연은 국악이라는 예술 콘텐츠를 고객과의 가교로 활용한 것이라고 할 수 있습니다. 해설이 있는 소극장용 오페라인 톡페라 Talk Opera도 무대에 올렸습니다. 어려운 오페라를 일반인이 쉽게 접할 수 있도록 재미있는 해설을 곁들였습니다. 당시 3주 동안 무려 약 160회의 공연을 했습니다.

그런데 공연을 관람한 일부 고객이 오히려 우리를 격려했습니다. 말하자면 고객과 교감이 이루어진 것이죠. "다른 회사 제품에서도 나왔는데 뭘 그러느냐. 괜찮다"고 했습니다. 당시 마음의 상처를 입은 우리 직원들도 고객의 이런 반응을 접하고 위로를 받았죠. 사건이 잊히기만을 기다리는 회사도 있는데 역으로 고객을 공연에 초대해 멜라민 파동의 전말을 설명하고 사죄하다 보니 TV 뉴스에까지 소개가 됐습니다. 결과적으로 리스크 관리를 잘한 셈이죠. 나중엔 한국PR협회에서 위기관리부문 대상을 주더군요.

사과 공연은 일종의 역발상이었습니다. 내부적으로는 조직의 기동성을 검증하는 기회가 됐습니다. 우리는 일주일도 채 안 되는 기간에 공연장을 최대한 대관했습니다. 전국적으로 더 광범한 규모로 대관을 했다면 폭발적인 반응이 일어났을지도 모릅니다. 지금 같으면 대관이 안

아홉 경영구루에게 묻다

될 경우 우리 회사 로봇극장을 투입해 길거리 공연도 할 수 있습니다. 로봇 인형이 출연하는 이 인형극은 전국을 무대로 이동공연을 하고 있죠.

국악에 눈을 돌린 건 1998년 1월 중순 크라운제과가 부도났을 때입니다. 이자가 싸다고 단기자금을 끌어 쓴 것이 화근이었죠. 정신이 번쩍 들었습니다. 그 후 골프를 그만두고 등산을 시작했습니다. 중역들의 권유로 직원들과 함께 다녔습니다. 이렇게 해서 이른바 등산 경영을 하게 됐죠. 그런데 어느 날 어디선가 아련하게 피리 소리가 들리는 거예요. 그 소리에 시쳇말로 필이 꽂혔습니다. 알고 보니 그게 대금이었습니다. 그래서 대금을 배우게 됐어요. 그때 대금 선생이 김진성 락음국악단 대표입니다.

이분이 저에게 자꾸 국악 음악회를 열어보자고 했습니다. 그것도 국악계의 대표적인 극장인 국악당에서. 하도 열정적으로 권해 마침내 우리 직원들을 대상으로 국악 공연을 하기로 했습니다. 그러자 영업하는 직원이 '왜 그런 공연에 회사 돈을 쓰느냐'고 반발했습니다.

영업에 활용해 보라고 영업사원들에게는 공연표를 몇 장씩 나눠줬습니다. 별로 기대도 안 했지만 효과가 없다는 반응을 접했습니다. 그래서 직원들로 객석을 채우기로 했죠. 그런데 공연 시간이 임박하자 여기저기서 노인들이 나타났습니다. 우리는 노인들에게 표를 준 적도, 판 적도 없는데 말이죠. 노인들에게 직접 경위를 물어봤더니 수퍼마켓을 하는 아들이 표를 주더라는 겁니다. 고객 점주가 우리 영업사원에게서 받은 표를 자기 부모에게 갖다 드린 것이죠. 그래서 과장 이하 직원들로 하여금 노인들에게 좌석을 내드리게 했습니다. 그러고도 노인들이 계속 오시는 바람에 부장급도 밖으로 나왔고, 결국 임원들까지 자리를 양보해야 했습니다. 나중엔 보조의자까지 깔았어요.

윤영달의 AQ 경영론

> 우리 민족의 DNA에는 국악을 즐길 줄 아는 형질이 자리 잡고 있다. 우리의 피에 국악의 가락이 흐르기 때문에 우리가 시도한 국악 공연이 고객에게 먹힐 수 있었던 것이다.

그런데 이 어르신들이 창을 따라 하시는 거예요. 그때 우리 국악도 마니아가 있다는 사실을 깨달았습니다. 다음날 영업 사원들이 저를 찾아왔습니다. 용건은 국악 공연을 지속적으로 하자는 것이었죠. "국악 공연에 왜 회사 돈을 쓰느냐고 한 사람들 맞느냐"고 했습니다. 점주들이 그러더라는 겁니다. "대체 무슨 공연을 어떻게 했기에 부모님이 크라운해태를 잘 봐주라고 합니까? 내가 무엇을 어떻게 해주면 되나요?"

이 공연을 정기공연으로 업그레이드한 것이 매년 봄 세종문화회관 등에서 열리는 '창신제' 입니다. 창신이라는 말은 법고창신法古創新이라는 옛말에서 따온 것으로 옛것을 본받아 새로운 것을 창조한다는 뜻입니다. 우리는 옛것에 토대를 두지만 그것을 변화시키고, 새것을 만들어가되 근본을 잃지 않아야 합니다. 이 점에서 창신은 요즘 성행하는 리바이벌이나 리메이크와 다릅니다. 이렇게 시작된 창신제가 지금은 국악 인구의 저변 확대에 이바지하고 있습니다.

왜 국악이냐. 사실 저는 음치에, 춤을 따로 배운 적도 없습니다. 그런데 국악을 듣다 보면 어깨춤이 절로 나와요. 한국인은 누구나 국악을 접해 보면 직접 느낄 수 있어요. 그 가락이 안겨주는 즐거움을 몸으로 알게 됩니다. 서양 음악에서 날카로운 아름다움을 맛볼 수 있다면 국악의 아름다움은 뭉글뭉글합니다. 자진모리 같은 장단은 사실 재즈보다도 빠릅니다. 빨라졌다가는 느려지고 다시 빨라지죠. 이런 형식미를 뭉글뭉글하다고 표현해본 겁니다. 우리 민족의 DNA에는 국악을 즐길 줄

아홉 경영구루에게 묻다

아는 형질이 자리 잡고 있습니다. 우리의 피에는 국악의 가락이 흐릅니다. 우리가 시도하는 국악 공연이 고객에게 먹히는 이유죠.

감성시대에는 예술강국이 바로 경제강국

Q 국악인에 대한 후원도 AQ 경영의 일환인가요? 사회공헌 활동 이상의 의미가 있습니까? 조각가도 지원하고 있는데, 이런 활동이 회사 경영에 도움이 되나요?

A 전체 국민의 AQ가 향상되면 국가적으로도 이롭습니다. 앞으로 국가 경쟁력은 국민의 높은 AQ에서 나온다고 확신합니다. 우리 국민의 AQ를 높여 보려고 우리가 선택한 것이 음악에서는 국악, 미술에서는 조각입니다.

우리 국악은 크게 정악과 민속악으로 나눕니다. 정악은 일부 궁중음악을 포함해 과거 상류층이 연주하던 음악을 가리킵니다. 쉽게 말해 정악은 양반의 음악이고, 민속악은 서민들이 생활 속에서 즐기던 음악이라고 할 수 있죠. 정악은 세종대왕이 정리했고 그 후로 500년 이상 꾸준히 정제돼 왔습니다. 오랫동안 음악을 잘 아는 사람들이 다듬어온 것이라 정악은 사실 서양 고전음악과 견주어도 손색이 없습니다. 이론적으로 설명할 능력은 없지만 저는 우리 국악이 대외적으로도 경쟁력이 있다고 믿습니다. 실제로 많은 외국인이 우리 가락을 좋아합니다. 세계 어디 가서도 들을 수 없는 소리이지 않습니까?

우리 국악기도 서양 악기보다 결코 못하지 않습니다. 단소나 소금은 피콜로 소리를 능가합니다. 대금 소리는 흉내낼 수 있는 서양 악기가 딱히 없어요. 이런 소리는 전자악기로도 똑같이 만들어내기가 어렵습니다. 어쩌면 이런 한계가 우리 국악을 세계화하는 데 걸림돌이 되고 있는지도 모르죠.

한식 세계화를 우리 정부가 지원하고 있지만 저는 국악도 세계화해야 한다고 봅니다. 그러자면 서휘태 지휘자의 아이디어대로 외국의 유명 작곡가에게 의뢰해 우리나라 음악, 우리 가락을 집어넣어 곡을 만들게 해야 합니다. 우리 소리를 삽입해 각별한 흥이 나는 아주 특별한 멜로디를 만들어내는 거죠. 그래서 세계 각국 오케스트라들이 이 곡들을 연주하게 하는 겁니다. 그가 저서에서 이런 제안을 한 것을 보고 저는 한 방 얻어맞은 것 같았습니다. 정작 우리 국악 작곡가가 만들면 글로벌한 음악이 되기 어렵습니다. 비유하면 옷을 갈아입고 세계 무대에 뛰어드는 겁니다.

그의 말대로 저는 이것이야말로 국악의 세계화라고 봅니다. 한류 가수들이 흔히 작곡을 외국 사람에게 맡기는 것과 같은 원리죠. 그전까지 저는 우리 국악단을 해외에 데리고 나가 세계에 알려야 한다고 생각했습니다. 서휘태 지휘자는 밀레니엄 심포니 오케스트라의 음악감독 및 상임지휘자로 MBC 드라마 〈베토벤 바이러스〉에서 김명민이 연기한 강마에의 모델로 잘 알려진 분이죠.

조각도 범위가 넓습니다. 그래서 우리는 움직이는 조각(모빌)에 주목했죠. 조금 더 세분하면 바람에 의해 움직이는 모빌 분야를 선택해 이쪽을 집중적으로 지원하기로 했습니다. 우리나라가 조각계에서 톱이 되려면 다른 나라가 많이 하지 않는 이 움직이는 예술 Kinetic Art 에 투자해야 한다고 봅니다.

현대 조각이 등장하기 전까지는 로댕의 작품이 조각 예술의 정

아홉 경영구루에게 묻다

수였습니다. 〈생각하는 사람〉, 〈지옥의 문〉 같은 로댕의 작품은 그냥 뒷
짐 지고서 보면 됩니다. 이런 작품은 한낮이나 석양이 질 때나 그 앞에
선 채 바라보는 것이 가장 좋은 감상 시각(뷰포인트)이죠. 이제 조각은 움
직여야 합니다. 작품 자체가 감상자와 상호작용을 해야 합니다. 조각 작
품이 감상자에게 반응하는 겁니다. 한번 생각해 보세요. 반응을 보이는
조각과 돌부처처럼 무심한 조각 중 어느 쪽을 사람들이 선호하겠습니
까. 앞으로는 조각가도 이런 서비스 정신을 발휘해야 합니다. 그래야 작
품을 만들 기회, 자기 표현을 할 기회가 주어집니다. 저 혼자 자기 만족
을 추구해서는 도태되고 맙니다.

아트밸리엔 네 명의 조각가 등 젊은 예술인 10여 명이 입주해 안
정적인 창작 활동을 벌이고 있습니다. 이들이 작업을 하는 아틀리에는
관객과 직접 소통하는 공간이기도 합니다. 우리가 모텔들을 사들여 이
런 용도에 맞게 개조했는데 입주작가 레지던스로 쓰는 한편 만인에게
열려 있는 갤러리로 운영하고 있죠. 조각가에게 제공한 공간이 스튜디
오 준, 락음국악단이 쓰는 곳이 우리가락 배움터입니다. 우리가락 배움
터는 말 그대로 대금, 장구 등의 악기를 배울 수 있는 문화체험 공간이
죠. 여기서 흙으로 만드는 유일한 국악기 '훈塤' 만들기 체험도 할 수 있
습니다. 흙으로 만드는 만큼 만들고 나서 초벌구이, 시유, 재벌구이 등
의 과정을 거치게 되죠.

여담이지만 이런 용도로 우리가 사들인 모텔에 동일본 대지진
피해자도 입주해 있습니다. 최장 1년간 거주하는 조건으로 100여 명을
초청했는데, 아직은 몇 가구 안 됩니다.

어쨌거나 우리는 국악인과 조각가의 창작을 지원하고 있습니다.
우리가 지원하는 국악인들이 바로 크라운해태의 국악 오케스트라 락음

윤영달의 AQ 경영론

국악단이죠. 락음국악단은 국악을 대중화하고 저변을 확대하기 위해 정기연주회를 열고 전국 순회공연도 펼치고 있습니다. 2008년부터는 국내 최정상급의 국악 명인을 초청해 대보름 명인전도 엽니다. 올해는 네 차례 열리는데 지난 2월엔 국회 의원회관에 무대를 꾸몄습니다. 이런 무대를 꾸준히 마련하는 건 우리 소리의 우수성을 널리 알리는 한편 우리 국민의 AQ를 높이기 위해서입니다.

창신제는 기업이 주관하는 국내 유일의 종합 국악 공연입니다. 국악에 대한 후원이 미미한 실정에서 창신제는 국악인들이 모처럼 마음껏 기량을 발휘하는 무대죠. 창신제는 신구 세대가 어우러질 수 있는 퓨전 국악 한마당입니다. 비보이와 힙합 팀, 어린이합창단도 무대에 섭니다.

이런 지원을 하다 보니 저 자신도 국악과 조각이 친숙해졌습니다. 꼭 잘 아는 분야 같고, 관심을 갖다 보니 실제로 이들 분야에 눈뜨게 됐죠. 또 잘 모르면 입주 작가들에게 직접 물어보면 돼요. 우리가 후원하는 사람들이니 이들도 돈 안 받고 잘 가르쳐줍니다. 말하자면 프로페셔널들을 우리가 사부로 모시고 있는 셈이죠. 우리 직원들의 창작품엔 알게 모르게 이들 전문작가의 아이디어가 스며들어 있습니다. 직원들의 작품이 범상치 않은 건 사실 이렇게 고수들의 훈수를 들었기 때문이에요. 이들 덕에 직원들의 AQ가 높아진 것이죠.

어쨌거나 이런 내력이 있어 국악이나 조각 하시는 분들도 크라

아홉 경영구루에게 묻다

운해태에 대해 우호적입니다. 자체적인 행사를 할 때도 우리 제품을 선호합니다. 인지상정이라고 할 수 있죠. 이른바 감성의 시대엔 예술 강국이라야 경제 강국이 될 수 있습니다.

2011년 6월 저는 윤영달 회장과 8시간 동안 동행했습니다. 윤 회장에게 인터뷰를 요청했더니 아침 일찍 경기도 송추의 아트밸리에서 열리는 간부 대상 모닝 아카데미부터 참석할 것을 권했기 때문이죠. 아트밸리는 이 회사 연수원을 업그레이드시킨 것으로 구성원들이 예술 체험을 할 수 있는 공간입니다. 윤 회장이 시도하는 AQ 경영의 산실이라고 할 수 있죠. 크라운해태는 점주 고객과의 행사도 이곳에서 갖습니다. AQ 경영에 주력하기 위해 그는 아예 주거를 이곳으로 옮겼습니다.

크라운해태 홍보실 직원의 차를 얻어타고 도착한 아트밸리는 광대했습니다. 무려 330만 평방미터. 크라운의 창업주인 윤 회장의 아버지가 골프장으로 만들고 싶어 했던 땅이죠. 얼마 후 도착한 윤 회장은 점퍼 차림에 운동화를 신고 있었습니다. 부인 육명희 크라운베이커리 사장과 함께였죠.

모닝 아카데미가 열린 야외 공연장에서 윤 회장의 자리는 고정돼 있지 않았습니다. 그가 앉는 의자도 특별하지 않았죠. 나무를 길게 잘라 만든 등받이 없는 간이의자에 다른 간부들과 나란히 앉았습니다. 윤 회장은 테이블에 간식으로 준비된 크라운베이커리 빵의 포장 비닐을 뜯었습니다. 저에게도 빵을 권했습니다.

"아침을 먹고 왔는데 또 빵을 먹네. 그래서 자꾸 배가 나와."

문득 어려서 들은 "라면 회사 사장은 라면을 먹지 않는다"는 이야기가 떠올랐습니다. 제과회사 오너는 자사 제품을 얼마나 먹을까? 평소 빵을 자주 먹느냐는 물음에 그는 "우리 회사 제품을 먹는 것이 나의 업무"라면서 "내가 먹어본다고 맛이 더 좋아지는 것은 아니지만 큰 실수는 예방할 수 있다"고 답했습니다.

이날 모닝 아카데미 강사는 《칼의 노래》를 쓴 소설가 김훈 씨였습니다. 강의 제목은 '자전거의 인문학.' 그는 자신이 "세상과의 건전한 불화 속에 살아왔다"고 털어놓았습니다. "불화를 구태여 화해의 상태로 만들지 않고 그냥 불화와 긴장의 상태로 살아가는 게 더 건강하고 당당한 삶이라고 생각했다"고 덧붙였습니다.

특강이 끝나자 조별 토론이 이어졌습니다. 윤 회장은 20개의 토론조 중 7조에 편성돼 있었습니다. 그가 토론용 양식에 강의를 듣고 난 소감을 이렇게 적었습니다.

아홉 경영구루에게 묻다

‘건전한 불화.’

“직원들이 회사와 불화하려 들면 어떻게 하느냐?”고 그에게 불쑥 물었습니다.

그는 “건전한 불화니까……” 하고는 껄껄 웃었습니다.

모닝 아카데미에 이어 고객 초청 행사 ‘고객님께 국악의 향기를’이 시작됐습니다. 윤 회장은 스태프라고 영문으로 프린트된 연두색 조끼를 걸쳤습니다. 환갑을 훌쩍 넘긴 대기업 오너 회장이 고객을 안내하는 모습이 낯설지만 신선해 보였습니다.

09
역지사지로
이해관계자의
마음을 열어라
신헌철의 소통경영론

신헌철

SK
에
너
지

부
회
장

　　SK에너지는 국내 최초이자 최대 규모의 정유회사입니다. 신헌철 SK에너지 부회장은 SK가 사모펀드 소버린 측과 벌인 경영권 분쟁을 해결하고 이 회사에 이사회 중심의 경영을 정착시켰다는 평가를 받습니다. 열 명으로 구성된 이사회엔 사외이사가 일곱 명 포진했고, 이들의 거부권 행사가 보장되었습니다.

　　그가 CEO로 재임하는 동안 SK는 200억 달러 수출탑을 받았습니다. 기름 한 방울 나지 않는 나라지만 정유사도 해외 원유 개발과 수출에 주력해야 한다는 비전을 제시하고 전사적으로 이를 추구한 결과죠. 그는 영어 단어인 비전을 '나는 전망(飛展)'이라고 풀이합니다. 비전이란 갈매기 '조나단 리빙스턴'처럼 높이 날아야만 보이는 장기 전망 같은 것이라는 이야기죠.

　　그가 펼친 독서경영도 주목할 만합니다. SK에너지의 구성원 2400명은 2007년 가을부터 매월 한 권씩 시오노 나나미(鹽野七生)의 《로마인 이야기》 15권을 함께 읽고 인트라넷에서 독후감을 공유했습니다. 일찍이 세계적인 제국을 건설한 로마인의 성공과 실패를 통해 글로벌 시대를 헤쳐갈 지혜를 얻자는 것이 취지였습니다. 이 과정에서 회사 경영과 관련하여 6500건의 제언이 수집됐는데《로마인 이야기》를 출간한 한길사가 일부를 추려 《SK에너지 사람들 로마인 이야기를 읽다》란 단행본으로 펴냈습니다.

　　소통을 중시하는 그는 사람을 나무에 비유합니다. 나무를 키우더라도 그 천성을 파악해 나무의 본성을 살려야 잘 자라듯이 사람도 상대방의 입장에서 생각하고 바라봐야 그 마음을 움직일 수 있다는 것이죠.

　　해방둥이인 신 회장은 지금까지 마라톤을 31회 완주했습니다. 그는 계획(plan)-실행(do)-성과 평가(see)의 세 단계를 밟는다는 점에서 마라톤과 경영은 닮은꼴이라고 주장합니다.

　　2009년 CEO에서 물러난 후에는 SK미소금융재단 이사장과 SK사회적기업단장을 맡아 SK그룹의 사회공헌활동을 이끌고 있습니다.

아홉 경영구루에게 묻다

입품, 손품, 발품을 파는 인간적 매력에서 리더십 나온다

Q 소통이 화두입니다. CEO가 어떻게 소통을 해야 합니까? 소통의 노하우는 뭔가요? CEO는 어떤 리더십을 발휘해야 한다고 보십니까?

A 저는 경영이란 사람이 사람을 통해 무엇인가 도모하는 것이라고 봅니다. 여기서 키워드는 물론 사람입니다. 동물은 그 행위가 아무리 절묘하더라도 조련의 대상이지 경영의 대상이 아닙니다. 그런데 사람이 사람을 통해 무엇인가 도모할 때 가장 중요한 것이 바로 소통입니다. 요즘 유행하는 집단지성도 조직 안에서 수직적·수평적 소통이 활발하게 이루어질 때 꽃피울 수 있죠.

소통이란 다른 사람으로 하여금 마음의 문을 열게 하는 것입니다. 마음의 문이 열릴 때 고객은 지갑을 꺼내듭니다. CEO는 말하자면 고객이든 구성원이든 마음의 문을 열게 하는 사람이에요. 이해관계자들을 심정적으로 무장해제시키는 사람이랄까요? 누군가 마음의 문을 열게 하려면 그 마음을 읽어내야 합니다. 그렇다고 사람의 마음속으로 들어갈 수는 없는 노릇이니 상대방의 입장에서 생각해 보는 역지사지易地思之를 잘해야죠. 하나 더, 마음 읽기를 평소에 일관성 있게 잘해야 합니다. 결국 평생 남의 마음을 잘 읽는 수밖에 없습니다.

2004년 계열사 두 곳의 CEO를 거쳐 주주총회에서 제가 신입사원으로 입사한 SK(SK에너지의 전신)의 CEO가 되던 날 저는 주총이 끝나자마자 전임 CEO를 모시고 울산공장으로 내려갔습니다. 그 길로 공장장실이 아니라 노조위원장실로 갔습니다. 강성이던 당시 위원장이 깜짝 놀라더군요. 저는 진정성이 있었지만 그로서는 신임 사장이 쇼잉한다고 생각했을지도 모르죠. 그렇게 차곡차곡 노사 간의 신뢰를 쌓았습니다.

그 후 2008년 미국발 금융위기가 닥쳤습니다. 정유업계에도 먹구름이 몰려오는 게 눈에 보였습니다. 저는 연말 성과급을 반납하고 2009년 저의 급여를 30퍼센트 깎겠다고 선언했습니다. 직원들에게는 임금을 동결하자고 호소했습니다. 노조가 투표를 거쳐 이를 수용함으로써 창립 46년 만에 처음으로 노사합의에 의한 임금 동결이 이뤄졌습니다. SK에너지처럼 덩치가 큰 회사가 임금 지급을 줄인다고 경영이 좋아지는 건 아닙니다. 위기 상황에서 함께 허리띠를 졸라매는 그런 자세의 전환이 필요했던 거죠. 그 후 고급 제품에 주력한 결과 수출 실적이 크게 개선돼 이듬해 동결분 전액을 돌려줬습니다. 공돈이라도 생긴 양 다들 좋아했죠. 노사 간 신뢰는 더 공고해졌고요.

저 나름의 소통 방법은 세 가지 품을 들이는 겁니다. 입품, 손품,

아홉 경영구루에게 묻다

발품이죠. 입품은 바로 칭찬입니다. 칭찬은 고래도 춤추게 한다지 않습니까? 손품은 손글씨로 쓰는 편지입니다. CEO 재임 중 해마다 120명의 임원에게 결혼기념일에 편지를 부쳤고, 지금도 인트라넷을 통해 전 임직원에게 신년사를 띄웁니다. 너도나도 스마트폰을 사용하는 요즘 손글씨로 편지를 쓰면 메시지를 차별화할 수 있습니다. 그런 뜻에서 '편지경영'은 그야말로 블루오션입니다. 발품은 말 그대로 직접 방문하는 겁니다. 현장 경영이죠. 재임 중 서울에서 멀리 떨어진 지방과 섬에 있는 사업장도 해마다 한 번 이상 찾았습니다. 특히 어려운 때, 예를 들어 공장에 사고가 났다든가, 누가 상을 당했을 때 찾아가면 마음이 움직이게 마련이에요. 인지상정이랄까요?

이 시대의 리더십은 인간적인 매력에서 나옵니다. 이런 매력에 사람들이 빠지고 반할 때 비로소 리더십이 생깁니다. 무엇보다 리더는 솔선수범을 해야 합니다. 먼저 양보하고 자기 희생을 해야 돼요. 서번트 리더십이죠. CEO가 되고 나서 다섯 개의 사장용 골프 회원권 중 인기 없는 저가의 회원권 두 개만 남기고 임원들에게 넘겼습니다. 대신 임원들도 두 개만 갖게 했죠. 세 개 갖고 있던 부사장도 있었지만 제가 내놓은 회원권 중에서 더 좋은 것을 차지하게 돼 불만이 없었죠. 차량도 회사 규정은 탄 지 3년 됐거나 주행거리가 7만 킬로미터일 때 바꾸게 돼 있지만 저는 14만 킬로미터 넘게 타고서 바꿨습니다. 지금 타는 차도 14만 킬로미터째 타고 있습니다. 비행기를 탈 때도 2008년 말 비상경영을 선언한 후로는 국내선의 경우 일반석

> 이 시대의 리더십은 인간적인 매력에서 나온다. 이런 매력에 사람들이 빠지고 반할 때 비로소 리더십이 생긴다. 따라서 리더는 무엇보다 솔선수범을 해야 한다.

신헌철의 소통경영론

을 이용합니다. 구성원들은 내색하지 않을 뿐 CEO의 일거수일투족을 관찰합니다.

솔선수범은 기독교의 황금률黃金律(무엇이든지 남에게 대접을 받고자 하는 대로 너희도 남을 대접하라)과도 통하는 자세입니다. CEO는 이해관계자를 먼저 대접할 줄 알아야 합니다. 협력업체와의 동반성장도 이런 맥락에서 음미해 볼 수 있습니다. 울산의 우리 공장엔 39개 협력사 직원들이 입주해 있는 건물이 있습니다. 이들이 소속된 협력사의 본사 건물보다 더 시설이 좋죠. 유지, 보수 등 일이 있을 때마다 들어오던 사람들이 지금은 여기에 상주를 해요. 이들은 식사도 우리 직원들과 같은 식당에서 합니다. 우리 공장에서 사고가 안 나는 건 이들과의 이런 우호적 관계가 바탕에 깔려 있기 때문입니다.

리더, 특히 CEO는 비전을 제시하는 사람입니다. 비전을 저는 비전飛展(나는 전망)이라고 풀이합니다. 비전은 높이 날아야만 비로소 보이는 장기 전망 같은 것이죠. 저는 기름 한 방울 나지 않는 나라지만 우리나라 정유회사도 원유 개발, 수출 등 해외사업을 확대해야 한다고 내다봤습니다. 그래서 해외 사업에 주력했고 그 결과 정유사로서 2008년 200억 달러 수출탑을 받았습니다.

CEO는 구성원 가운데 가장 훌륭한 사람도, 가장 능력이 뛰어난 사람도 아닙니다. 회사가 처한 경영 환경에 가장 부합하는 사람일 뿐이죠. 그래서 저는 CEO가 환경적 리더십을 발휘해야 한다고 생각합니다. 자신보다 우수한 인재가 사내에 수두룩하다는 '사실'을 망각하면 CEO는 실패하고 맙니다. 저는 운이 좋았다고 믿었기에 언젠가는 그 운이 다할 거라고 생각하며 늘 현재에 충실했습니다. 실패는 성공의 옆집에 삽니다. 지금처럼 급변하는 시대엔 옆집이 아니라 한 집의 건넌방에 살고

아홉 경영구루에게 묻다

있는지도 모르죠.

영업은 이성이나 감성보다 인간성이 중요하다

Q 정유사 영업맨 출신이죠? 일반적으로 영업맨 출신의 장단점이 뭔가요? 이른바 소통을 중시하는 영업은 어떻게 하나요? 성공적인 마케팅 경험을 들려주시죠.

A CEO는 자금, 인력 등 한정된 회사의 자원을 배분하는 사람입니다. 이들 생산요소를 어디에 어느 규모로 투입할 건지 결정하는 것은 온전히 CEO의 몫이죠. 저는 투자심의위원회를 만들어 이 권한을 아래에 위임했습니다. 여기서 사업 부문별로 서바이벌 프로그램인 〈나는 가수다〉처럼 경연을 하게 했어요. 이 과정에서 부문 간에 소통이 이루어졌습니다. 당사자가 속한 부문이 사업계획을 발표할 땐 평가 주체에서 배제했죠. 나중엔 사내독립기업제CIC를 도입해 사업 부문별로 사장을 두고 권한과 책임을 위임했습니다. 이들 부문이 2011년 결국 네 개 회사로 물적 분할됐습니다.

임원 승진 인사를 할 때도 부서장들로 하여금 승진 대상자를 놓고 토의를 벌이게 했습니다. 승진자 몇 사람이 결정되지 않은 상태에서 끝까지 합의가 안 되면 저는 빠졌습니다. 제가 나서서 조정하지 않고 부서장들끼리 조정을 하게 한 것이죠. 이렇게 해서 결정된 것에 저는 호불호를 달지 않았습니다. 결과를 놓고 보면 이렇게 하는 편이 더 효율적이었습니다.

제가 초등학교 1학년 때 아버지가 돌아가셨습니다. 스물여덟에 청상이 된 어머니는 부산에서 장사를 시작했습니다. 학교에서 돌아오면 두 동생과 좌판에 놓인 남은 물건을 팔아야 했습니다. 물건을 파는 게 얼마나 어렵습니까? 사람들은 대부분 그냥 지나쳤고 더러 물건을 사기도 했지만 흥정을 하다 가버리기도 했죠. 여름이 되면 해운대에서 아이스케이크 장수를 했어요. 이때 장돌뱅이 DNA가 생겼다고 저는 믿고 있습니다.

시장은 그때부터 제 인생의 최전선이었습니다. 마케팅은 저의 생존술이었죠. 결국 회사에 들어와서도 영업통이 됐습니다. 지금은 마케팅이 마치 제 몸의 일부처럼 느껴집니다. 비록 떨어졌지만, 제가 처음 서울대학 상대 입학시험을 치던 날 국어 과목 지문으로 이효석의 《메밀꽃 필 무렵》이 나왔습니다. 그 후 이 소설을 수백 번 읽었습니다. 어떻게 보면 사람은 누구나 소설 속 허생원이나 조선달 같은 장돌뱅이이고, 인간이 사는 세상은 어디나 5일장 같은 곳인지도 모릅니다. 우스갯소리로 저는 마케팅을 사람의 '마' 음을 '캐' 내어 '팅' 한 감동을 일으키는 것이라고 정의합니다. 마케팅은 소비자의 니즈를 파악해 내 물건을 높은 가격에 많이 판매하는 것입니다. 그렇다고 내 것을 사달라고 강요할 수도 없는 노릇이죠.

1998년 00700 국제전화 사업을 하는 SK텔링크의 사장으로 부임했을 때 일입니다. 마침 영업부장이 공석이라 명함까지 만들어 1년 동안 영업부장을 겸했죠. 별정통신 서비스 00700의 제품 콘셉트는 값이 싸다는 겁니다. 그런데 우리나라 사람들은 '싼 게 비지떡' 이란 인식이 있습니다. 익숙한 세 자리 국제전화 번호를 두고 00700을 누르게 하려면 마케팅에 기대는 수밖에 없었습니다. 저는 유명인을 광고 모델로 쓰기로 했습니다. 바로 박세리 선수 부모와 안정환 선수의 어머니였죠. 어

아홉 경영구루에게 묻다

머니가 외국에 있는 선수에게 전화 거는 모습을 광고에 담았습니다.

당시 박세리 선수는 모델료도 비쌌거니와 삼성전자의 전속모델이었습니다. 두 선수를 모델로 썼다면 수억 원을 줘야 했겠지만 대신 어머니들을 써 각각 8000만 원으로 해결했죠. 그런데 얼굴이 알려지지 않은 모델이 박세리 선수의 어머니라는 사실을 알리려면 사진으로라도 박 선수를 등장시켜야 했습니다. 결국 박 선수의 초상권 문제가 대두되었죠. 우리는 삼성전자 쪽에 3000만 원을 주고서 이 문제를 해결했어요. 이렇게 해서 두번째 메이저 대회에서 우승한 날 박 선수가 양말을 벗고 연못에 들어가 샷을 날리는 대형 사진을 광고의 배경에 걸게 됐죠. IMF 체제로 지친 국민에게 힘을 준 맨발의 투혼 장면 말입니다.

빅 히트는 차범근-차두리 부자가 등장한 광고입니다. 무려 6년간 전파를 탔죠. 당시 두 사람의 모델료를 놓고 협상을 벌이는데 차 감독 부인 오은미 씨가 앞으로 크게 뜰 차두리 선수를 '정품'으로 인정해주면 차 감독을 '사은품'으로 끼워주겠다고 했습니다. 신인 모델인 아들의 몸값을 비싸게 쳐주면 아버지 몫의 모델료는 안 받겠다는 것이었죠. 조삼모사朝三暮四니까 우리도 응했습니다. 그땐 '참 말을 묘미 있게 한다' 싶었는데 요즘 차 선수가 광고 모델로 뜨는 것을 보면 선견지명이었다는 생각이 듭니다. 마케팅 능력이라고 할 수도 있고요.

박세리 선수 아버지 박준철 씨를 모델로 썼을 땐 그가 이런저런 구설에 오른 것이 논란이 됐습니다. 시쳇말로 '안티'가 많았죠. 우리 회사 홈페이지엔 "당신네 전화를 쓰고 있는데 왜 저 사람을 모델로 쓰느냐"는 항의 글이 많이 올라왔습니다. 그러자 언론에서도 기사로 다뤘죠. 우리로서는 나쁠 게 없었습니다. 결국 의도하지 않은 노이즈 마케팅이 된 셈이니까요.

영업은 기본적으로 감성적인 접근입니다. 이성이나 지성보다는 인간성이 중요한 분야죠. 문제는 인간성과 부패 성향 간의 경계가 모호하다는 겁니다. 부패에 젖어 있으면서 인간적 소통을 한다고 본인은 착각할 수 있습니다. 영업에 종사하는 사람은 그래서 자기 경계를 철저히 해야 합니다. 구체적으로 돈과 술의 유혹, 골프 같은 잡기, 성적 방종에 빠지지 말아야 합니다.

영업통의 장점도 있죠. 다종다양한 사람들과 접촉하면서 설득하고 조정하는 경험을 쌓다 보면 조율 능력과 유연성이 생깁니다.

기업의 이해관계자는 주주, 소비자, 정부, 그리고 구성원입니다. 이들이 바로 기업의 고객이죠. 과거엔 고객이 만족하면 됐지만 지금은 고객이 행복하다고 느껴야 합니다. 그렇게 만드는 것이 곧 기업의 본질적인 책임이죠. 고객을 행복하게 하려면 무엇보다 고객과 소통을 잘해야 합니다.

타인에 대한 배려는 소통의 효과를 높여줍니다. 나보다 남, 윗사람으로서 아랫사람, 우리 부서보다 남의 부서와 회사 전체를 생각하고 배려하면 이들과의 인간관계가 한결 부드러워집니다. 나무가 그렇듯이 사람은 타고난 천성이 있는데 기본적으로 그 천성을 살리는 방향으로 대해야 합니다. 이렇게 꾸준히 배려하다 보면 나 없는 곳에서 남이 나를 칭찬하는 그런 사람이 되죠. 트위터, 페이스북 등 소셜네트워크서비스SNS가 각광받는 것도 근친, 같은 성별, 동향, 동문끼리 맺어온 사적 관계를 넘어 가치를 공유하는 관계로 네트워크를 확장시켰기 때

아홉 경영구루에게 묻다

문입니다.

사회공헌 활동은 지속가능 경영을 위한 첫걸음

Q 기업의 사회공헌 활동은 어떤 의미가 있나요? 이런 활동이 고객의 이익이나 기업의 지속가능 성장과는 어떻게 연결됩니까? 사회적 기업의 의의는 뭔가요?

A 1971년 가을 제가 SK에너지의 전신인 대한석유공사 입사시험을 치를 때 '기업의 사회적 책임에 대해 논하라' 는 주관식 문제를 받아든 기억이 있습니다. 그로부터 40여 년이 흘렀으니 기업의 사회적 책임이 어제오늘 이야기는 아닙니다. 다만 과거엔 돈을 더 벌어 좋은 일에 쓰는 것으로 기업이 사회적 책임을 다했다면, 요즘은 사회적 기업 같은 진화된 형태로 취약계층에 사회적 서비스와 일자리까지 제공하기에 이르렀습니다. 가령 2009년에 설립된 고마운손은 핸드백과 구두를 위탁 제조하는데 새터민, 노약자, 여성 등 50명가량을 고용하고 있습니다. 사회적 기업은 자본주의의 꽃인 주식회사의 대안 모델이라고도 할 수 있습니다. 사회적 기업을 설립하는 것은 우리 사회를 선진화하는 일종의 사회운동이라고도 할 수 있죠. 이른바 동반성장의 효과를 거둠으로써 우리 사회의 복지를 증진하는 의미도 있습니다. 유럽, 미국 등 선진국에서는 일찍이 1970년대에 사회적 기업이 싹텄습니다.

> 사회적 기업은 이윤 추구가 절대적 목적인 영리 기업과 달리 영리 기업과 비영리 조직의 특성을 동시에 지닌 '하이브리드형' 기업이다.

사회적 기업은 이윤 추구가 절대적 목적인 영리 기업과 달리 영리 기업과 비영리 조직의 특성을 동시에 지닌 '하이브리드형' 기업입니다. 공공복리라는 사회적 목적을 추구하면서 기업으로서의 영업활동도 하죠. 궁극적으로는 일부 취약계층을 위한 복지의 수단이 아니라 다수의 소비자를 위한 보편적 복지에 기여해야 할 걸로 봅니다. 예를 들어 40만 원짜리 저가 TV를 생산한다면 훨씬 더 많은 사람이 TV라는 창을 통해 세상과 소통할 수 있겠죠.

사회공헌 활동의 대상자 중 상당수는 자사 제품이나 서비스를 사서 쓰는 고객이 아닙니다. 왜냐하면 사회공헌 활동의 대상자가 대부분 사회적 약자이기 때문이죠. 우리 사회의 빈부격차가 커지면 우리 제품의 소비자도 사회적 약자로 전락할 수 있습니다. 그 결과 사회적 약자층은 두꺼워지고 구매력을 갖춘 중산층 이상 고객층은 줄어들 수 있어요. 한마디로 고객이 비고객화하는 상황이 닥칠 수 있습니다. 이렇게 되면 지속가능한 경영이 위협을 받게 되죠. 기업이 지속가능하려면 부단히 성장하고 일자리를 만들어내야 합니다. 그런데 고객이 줄어들면 성장도 고용 창출도 멈추고 맙니다. 촛농이 마르면 촛불이 꺼지듯이 말이죠.

지속가능한 경영이란 기업이 재무적으로 좋은 성과를 올리는 한편 환경 및 사람과 바른 관계를 맺는 것을 말합니다. 이때 사람이란 주주, 소비자, 임직원 등 이해관계자를 말하죠. 자본주의가 발달하면서 의도하지 않은 폐해가 나타났는데 바로 환경오염과 낙오자를 만들어낸 것입니다. 낙오자를 구제하려면 빵과 고기를 주기보다 자기 힘으로 살아갈 수 있도록 빵을 굽는 화로와 낚싯대, 그리고 이들 도구를 다루는 기술을 제공해야 합니다. 자선을 베풀듯이 금품을 제공하는 식으로 돕던 시대는 지났습니다. 자활을 할 수 있도록 도와야 지속적으로 자립할 수

아홉 경영구루에게 묻다

있죠. 지속가능 경영이란 이해
관계자가 행복한 경영입니다.
그런 기업이 오래갑니다.

　저는 SK의 사회적기업
단장을 맡고 있습니다. 지난해
까지만 해도 관계사 직원들이

사회적기업단에 파견 나오길 꺼렸습니다. 그런데 올해는 7명 증원하는
데 119명이 자원했습니다. SK텔레콤 같은 알짜 회사에서도 배정인원 2
명에 39명이나 지원했어요. 사회공헌 활동이 보람도 있지만 그 경험이
세상살이에 유용하다는 것을 깨닫게 됐기 때문이라고 봅니다. 사법시험
을 준비하느라 책상머리에서 보낸 시간 못지않게 다양한 사람과 소통하
고 섬겨본 경험을 평가하는 세상이 돼 가고 있습니다. 또 이런 사람이 많
아져야 이해관계자와의 사이가 좋아져 기업의 지속가능성도 커집니다.

　궁극적으로는 사회에 공헌하고 인류의 행복에 이바지한다는 비
전 내지 철학이 기업문화로 뿌리내려야 합니다. 구성원들로 하여금 문
화적으로 나눔과 상생에 젖어 들게 만들어야 돼요. 그럴 때 비로소 사회
공헌의 비전과 철학이 기업의 DNA로 내장됩니다. 그래야 CEO가 바뀌
더라도 사회공헌 활동을 지속할 수 있고 지속가능한 경영에도 한걸음
다가설 수 있죠.

　저는 2001년부터 42.195킬로미터 마라톤을 서른한 번 완주했습
니다. 쉰다섯 살에 퇴행성관절염에 걸렸는데 마라톤으로 극복했지요.
그 후 완주할 때마다 불우이웃 후원금을 모금해 그동안 모두 19억 원을
모았습니다. 뛸 때마다 1만 원, 2만 원의 후원금을 걷고 후원한 분들의
이름을 프린트한 8~10장짜리 명단철을 등에 진 채 달립니다. 또 모금

신헌철의 소통경영론

하기 전과 후원금을 집행하고 난 뒤 후원자들에게 일일이 편지를 보냅니다. 후원금의 사용내역을 투명하게 보고하는 거지요.

2008년 미국 보스턴 마라톤과 뉴욕 마라톤 대회에서 뛰었을 땐 총 3억6000만 원이 모였어요. 후원금의 약 절반은 SK 외부에서 들어왔는데 매칭 그랜트 방식으로 회사에서 같은 액수만큼 후원금을 보탰습니다.

저는 사람의 본성이 선하다고 믿습니다. 집을 지어주는 일이든 밥을 푸는 일이든 봉사를 하고 나면 누구나 흐뭇해합니다. 선행에 참여할 여건과 기회가 주어지면 대부분의 사람은 동참합니다.

마라톤과 기업 경영은 닮은꼴입니다. 둘 다 계획 plan-실행 do-성과 평가 see 세 단계를 밟죠. 계획 단계에서 마라토너가 주행 계획을 세우듯이 기업은 전략을 짜고 실행 계획을 세웁니다. 마라토너에게는 완주 의지가 필수적인데 기업 구성원의 열정·몰입과 대응합니다. 실행 단계의 마라토너에게 자기 관리가 요구된다면 기업은 자원 관리를 해야 되죠. 마라토너가 성과 평가 단계에서 완주의 기쁨을 맛보듯이 기업은 사업을 통해 성과 창출이라는 보상을 얻습니다.

SK도 2005년까지는 이익 극대화가 기업의 궁극적 목표였습니다. 그 후 사회적 기업을 통해 우리 사회의 문제를 해결한다는 일념으로 행복한 학교 등 9개의 사회적 기업을 직접 설립했습니다. 62개 사회적 기업은 체계적으로 지원하고 있고요. 물론 시행착오도 겪었습니다. 서산대사가 임진왜란 때 쓴 〈야설 夜雪〉이란 시에 이런 대목이 있습니다.

아홉 경영구루에게 묻다

"눈 덮인 들판이지만 함부로 아무 데로나 걸을 수가 없구나. 오늘 내가 남긴 발자국이 뒤에 따라오는 사람에게 이정표가 되기에." 고심 또 고심해 개척한 결과가 뒤따라오는 이들에게 도움이 됐으면 합니다.

신헌철 부회장은 40년 전 SK에너지의 전신인 대한석유공사에 입사할 당시 우편으로 받은 합격통지서를 보관하고 있습니다. 그는 힘이 들 때마다 초심을 잃지 않으려 손글씨로 자신의 이름이 적혀 있는 이 통지서를 꺼내본다고 합니다. 신 부회장은 40년 간 보직이 바뀔 때마다 자신이 사용한 명함도 모두 간직하고 있습니다.

그는 초등학교 1학년 때 아버지를 여의었습니다. 스물여덟에 청상이 된 어머니는 장사를 해 자식 셋을 키웠습니다. 1961년 그는 은행원이 되기로 마음먹고 부산상고에 진학합니다. 그 후 우수했던 성적을 믿고 서울대학 상대에 두 번 도전하지만 실패합니다. 은행에 들어가 사회인이 된 고교 동기들이 부러웠습니다.

늦깎이로 부산대학 경영학과에 입학한 그는 잃어버린 2년의 세월을 보상받으려 해병대에 입대합니다. 육군보다 복무기간이 4개월 짧은 해병대에 다녀와 로스 타임을 최소화하면 최장 1년을 벌 수 있다는 계산이 섰기 때문입니다. 그러나 세상은 그의 뜻대로 돌아가지 않았습니다. 1968년 초 북한 무장공비의 청와대 습격 사건, 그해 여름의 실미도 사건, 가을에 터진 무장공비 울진·삼척 침투 사건으로 복무기간은 1년이 연장됐습니다. 세월을 되찾기는커녕 되레 1년 더 늦어진 것이죠. 이때 그는 마땅한 의논 상대가 없는 현실이 어떤 결과를 초래하는지 깨닫게 됩니다. 그가 어려운 환경에 처한 사람에게 네트워크가 되어주려 애쓰고 젊은 세대에게 다양한 사람과 관계를 맺으라고 조언하는 것도 이 때문이죠.

3수 끝에 들어간 대학에 돌아오니 그는 1학년 늦은 복학생이 되어 있었습니다. 프레시하지 않은 프레시맨. 홀어머니를 뵐 면목도 없었습니다. 불운과 실패가 이어졌지만 그는 좌절하지 않았습니다. 도서관에 틀어박혀 공부에만 매달렸습니다. 밤이 깊으면 새벽이 멀지 않은 법. 대학을 마친 해 들어간 첫 직장에서 그는 CEO 자리에 올랐고 40년째 현역으로 뛰고 있습니다.

2001년 쉰다섯 살 때 퇴행성관절염이라는 불청객이 찾아왔는데 백약이 무효했습니다. 갈수록 증세는 악화됐고 서 있을 때조차 지팡이에 의존해야 했습니다. 그때 마라톤을 해보라는 주변의 권유를 받습니다. 지푸라기를 잡는 심정으로 남산순환도로를 달

아홉 경영구루에게 묻다

리기 시작했습니다. 신기하게도 무릎의 통증이 사라졌습니다. 걷는 것조차 힘들어하던 그는 마라톤 풀코스에 도전했습니다. 칠순을 바라보는 나이에 신 회장은 서른한 번이나 완주했습니다.

　그는 현실이 아무리 암울하고 후회스러워도 절대 포기해서는 안 된다고 말합니다. 그 지점이 실패와 후회의 종착역이자 성공과 희망의 출발역일지 모르기 때문이죠. 아니 그는 그렇게 믿으라고 권합니다.

아홉 경영구루에게 묻다

초판 찍은날 2012년 2월 6일   **초판 펴낸날** 2012년 2월 15일

지은이 이필재

펴낸이 김현중
편집장 옥두석 | **책임편집** 이선미 | **디자인** 권수진 | **관리** 이정미

펴낸곳 (주)양문 | **주소** (132-728) 서울시 도봉구 창동 338 신원리베르텔 902
전화 02.742-2563~2565 | **팩스** 02.742-2566 | **이메일** ymbook@empal.com
출판등록 1996년 8월 17일(제1-1975호)

ISBN 978-89-94025-17-9 03320   잘못된 책은 교환해 드립니다.